Alphonse Onema

Causes et remèdes de la souffrance humaine

Alphonse Onema

Causes et remèdes de la souffrance humaine

Une méditation chrétienne

Éditions Croix du Salut

Imprint
Any brand names and product names mentioned in this book are subject to trademark, brand or patent protection and are trademarks or registered trademarks of their respective holders. The use of brand names, product names, common names, trade names, product descriptions etc. even without a particular marking in this work is in no way to be construed to mean that such names may be regarded as unrestricted in respect of trademark and brand protection legislation and could thus be used by anyone.

Cover image: www.ingimage.com

Publisher:
Éditions Croix du Salut
is a trademark of
International Book Market Service Ltd., member of OmniScriptum Publishing Group
17 Meldrum Street, Beau Bassin 71504, Mauritius
Printed at: see last page
ISBN: 978-613-7-37315-6

Alphonse Ghislain Onema Etoyi

Causes et remèdes de la souffrance humaine.

Une méditation chrétienne.

Avant-propos

En cette année de grâce pour moi, année pendant laquelle je totalise mes 20 ans de ministère sacerdotal (06 / 08 /2000 – 06 / 08 /2020), je bénis le Seigneur pour tous ses bienfaits en ma faveur, particulièrement le don de la vie et le don du sacerdoce ministériel, et Lui demande de continuer à m'accompagner de sa présence et de toutes les bénédictions qu'il juge utiles pour la vie et le ministère qu'il m'a confiés.

Je salue aussi la Très Sainte Vierge Marie, notre Mère, qui n'a jamais cessé de me porter secours tout au long de mon cheminement et qui s'est révélée très attentive à mes supplications, pendant les moments difficiles que j'ai eus à connaître. Elle est vraiment notre Mère, comme avait dit Jésus le Christ sur la croix: "Femme, voici ton fils; fils, voici ta mère!"

Sur le chemin de ma vie et de mon ministère, le Seigneur a placé des personnes particulières, dont la foi, l'affection, le soutien matériel, moral et spirituel ont été et sont de très grande importance pour moi. Premièrement, ce sont mes parents (papa Albert Etoyi Ndjate Milambo et maman Marie Muika Ekanga Djamba) et toute la famille; puis l'Eglise en ses différents ministres et en ses différents membres (Le cardinal Giuseppe Betori de Florence en Italie, Mgr Marcel Madila Basanguka, Archevêque de Kananga, Mgr Riccardo Fontana, Archevêque d'Arezzo-Cortona Sansepolcro en Italie, Mgr Gérard Mulumba Kalemba, évêque émérite de Mweka d'heureuse et respectueuse mémoire, Mgr Oscar Nkolo Kanowa, évêque de Mweka, Mgr Nicolas Djomo Lola, évêque de Tshumbe, Mgr Ivo Muser, évêque de Bolzano Bressanone en Italie; des confrères prêtres comme les abbés Jean-Pierre Kanku, Jean Paul Lwanga, Louis Wemalowa Tokopanga, Antoine Lundula, François Pongo, Alain Lomandja, Adrien Kanengele, les pères Fernando Zolli, Alex Mubenga Cizubu, Albert Wembolowa, Olivier Ndondo, pour ne citer que ceux-là; les frères et sœurs amis du bureau missionnaire de Bolzano-Bressanone) et vous tous qui, de près ou de loin, ne cessez de me témoigner de votre attention et de votre amour. Que le Seigneur vous le rende en centuple! C'est la prière que je formule aussi pour l'abbé Léonard Lomboto, qui a corrigé le texte, et pour la maison d'édition Croix du Salut qui a accepté de publier cette médiation.

Introduction

La question de la souffrance dans la vie de l'homme est aussi vieille que l'histoire même de l'homme et n'a jamais cessé de préoccuper les hommes de toute race, peuple, langue et culture. Aussi chaque peuple, par des contes, des fables, des proverbes et des dictons, a-t-il cherché à donner des réponses à cette grande question; des réponses certes importantes et pertinentes, mais toujours insuffisantes pour expliquer la souffrance qui peut frapper aussi bien des coupables que des innocents.

Il a fallu attendre la venue du Fils de Dieu dans l'histoire des hommes, sa vie, ses paroles, sa passion, sa mort et sa résurrection, pour pouvoir comprendre davantage ce mystère de la souffrance dans la vie de l'homme. En effet, c'est avec Jésus-Christ, le Fils de Dieu – qui est le Chemin, la Vérité et la Vie – que nous pouvons, illuminés par Lui, non seulement comprendre mieux l'essence de la souffrance dans la vie de l'homme, mais aussi l'assumer et aider nos frères et sœurs qui sont dans la souffrance à ne pas se décourager et à espérer la victoire finale avec le Christ dans la gloire de Dieu le Père.

Ce livre, écrit en deux parties, est donc le fruit d'un effort de compréhension de ce mystère, que je viens partager avec tous mes frères et sœurs, afin que le moment de souffrance ne soit plus un moment de tristesse et de désespoir, mais un temps pour nous référer davantage au Seigneur, Lui qui a vaincu le mal et la mort, et qui vient toujours au secours de tout celui qui est dans la souffrance et qui se confie à Lui ; un temps également où nous sommes portés à exprimer davantage notre foi et notre espérance en ne cédant jamais au découragement. Ainsi, forts de cette foi, nous saurons, nous aussi, voler au secours de ceux qui sont dans la souffrance, en leur témoignant notre proximité aussi bien spirituelle, morale que matérielle.

Cependant, pour mieux comprendre notre réflexion, il sied, en lisant ce livre, de ne pas se limiter seulement à la première partie, mais de lire aussi la seconde partie, afin de mieux comprendre davantage ce mystère dans la vie de l'homme. Et, comme on pourra le remarquer, dans la première partie de ce livre, nous avons, en partant de la Bible et de la sagesse négro-africaine, cherché d'énumérer et d'expliquer des sources de souffrances et malheurs dans la vie de l'homme. Et même si elles n'arrivent pas à expliquer totalement le mystère de la souffrance dans la vie humaine, ces sources montrent cependant comment l'homme peut aussi arriver à la souffrance ou au malheur, s'il n'y prend garde.

Par ailleurs, cette insuffisance de la première partie à expliquer le mystère de la souffrance, qui frappe aussi bien les coupables que les innocents, nous a poussé à compléter la deuxième partie qui, en se référant à la vie d'un saint homme (de Karol Wojtyla à Pape Jean-Paul II), à ses écrits et discours, ainsi qu'à sa compréhension de la souffrance humaine, nous permet ainsi de comprendre davantage la souffrance et son essence dans la vie d'un homme. C'est à la lumière du Christ que tout devient clair. D'où la nécessité pour nous de nous référer à Lui, pour avoir de sa lumière et voir davantage mieux et comprendre davantage mieux.[1]

[1] Jn 8,12.

Ière Partie: Sources de souffrances et de malheurs dans la vie d'un homme, selon une lecture de la Parole de Dieu et de la sagesse négro-africaine.

Dans cette première partie de notre livre, nous voulons, en partant d'une lecture de la Parole de Dieu et de la sagesse négro-africaine, expliquer certaines souffrances et certains malheurs qui arrivent dans la vie de certains d'entre nous (frères et sœurs) comme conséquence des actes, des paroles et des pensées de l'homme lui-même.

Pour ce faire, nous allons, en cette première partie, fouiller attentivement aussi bien la Parole de Dieu que la sagesse négro-africaine, pour découvrir comment, dans certains cas – pour ne pas dire dans plusieurs cas – , l'homme lui-même ou la femme elle-même est ou peut être vraiment à la base de ce qui lui arrive de positif ou de négatif et qu'il suffirait, pour les conséquences négatives, d'une vraie conversion, d'une bonne confession et d'une adéquate réparation, pour obtenir le pardon, la paix ou la sérénité, la joie et la vie.

Essayons donc, dans cette première partie, d'énumérer et d'expliquer lesdites sources, afin de nous entraider dans nos examens de conscience quotidiens, pour une vraie conversion et une vie heureuse.

1. Première source de malheurs dans la vie d'un homme: le manque de communion avec son Dieu, le manque de référence à Lui et à sa parole, le manque de foi en Lui.

En effet, en tant que Créateur de l'homme, de l'univers et de tout ce qui existe, c'est Dieu seul qui peut non seulement mieux orienter, mais aussi mieux aider l'homme à atteindre l'objectif pour lequel il l'a créé, c'est-à-dire partager avec lui sa vie et sa félicité qui, comme nous l'a révélé Jésus, le Fils de Dieu, n'auront pas de fin. Et, dans ce sens, ne pas compter avec et sur son Créateur, ne pas se référer à Lui et à sa Parole, ne peut que désorienter l'homme et le conduire non pas à une vie heureuse, paisible et sereine, mais plutôt à une vie tourmentée et malheureuse.

C'est d'ailleurs dans cette optique que Jésus le Christ – qui est et qui s'est présenté non seulement comme le Fils de Dieu[2], mais aussi comme le Chemin, la Vérité et la Vie[3] – nous révèle une grande vérité sur la vie et le bonheur de l'homme, en comparant ce dernier à un sarment de vigne dont la vitalité et le développement aussi bien du sarment lui-même que des feuilles, des fleurs et des fruits, dépendent exclusive- ment de son attachement ou non à la vigne. Aussi Jésus recommande-t-il fermement :

[2] Jn 8, 54-58.
[3] Jn 14, 7.

"Demeurez en moi, comme moi en vous. De même que le sarment ne peut de lui-même porter du fruit s'il ne demeure pas sur la vigne, ainsi vous non plus, si vous ne demeurez pas en moi. Moi je suis la vigne; vous, les sarments. Celui qui demeure en moi, et moi en lui, celui-là porte beaucoup de fruit; car hors de moi vous ne pouvez rien faire."[4]

Et toujours dans le but de nous faire comprendre combien il est nécessaire à l'homme, pour une vie, non pas tourmentée et malheureuse, mais paisible et heureuse, de se référer toujours à son Dieu, Jésus compare ses disciples à des agneaux devant des loups.[5] Selon Lui, comme des tels agneaux ne peuvent rien d'eux-mêmes, il en est de même pour tout un chacun de nous en ce monde : sans référence à Dieu et à sa parole, nous sommes comme ces agneaux devant des loups. Une situation malheureuse et à ne pas souhaiter, certainement.

Ces paroles qui nous viennent de Celui que les théologiens, dont von Balthasar, aiment bien définir comme "la plénitude de la révélation divine et de sa volonté" nous révèlent que tout homme, qui n'est pas en communion avec son Dieu, qui ne se réfère pas à Lui et à sa parole, finira toujours par avoir des difficultés énormes dans sa vie. Certains de nous souffrent aussi parce que, dans leur vie, ils ne connaissent pas Dieu, ne se réfèrent pas à Lui et à sa parole, ne croient pas ou ne croient plus en Lui. Jésus lui-même, en continuant avec l'image de la vigne et du sarment, le dit encore mieux en ces termes:

"Si quelqu'un ne demeure pas en moi, il est jeté dehors comme le sarment et il se dessèche; on le ramasse et on le jette au feu et il brûle."[6]

C'est dire, en d'autres termes, que tout celui qui ne se réfère pas à Dieu et à sa parole dans sa vie, tout celui qui ne croit pas ou plus en Lui, finit toujours par se perdre et perdre même de sa vie; il finit par brûler. Et même si, dans un premier temps, tout peut sembler aller mieux pour un tel, ça ne sera que pour un temps et non pour toujours; il ne s'agira que d'une fausse impression, d'une fausse sécurité; car viendra un autre temps où il se verra vraiment seul, impuissant et sans issue. En effet, seul Dieu et Dieu seul peut et donne la vraie et la permanente sécurité, étant non seulement le seul Tout-puissant, le seul Créateur et le seul Eternel, mais aussi un Père très aimant et très attentif pour tous ses enfants qui comptent sur Lui.[7] C'est uniquement en restant en communion avec Lui, en comptant avec et sur Lui, en se référant à Lui et à sa parole que l'homme peut ainsi partager sa félicité et sa vie qui sont éternelles. La Bible, dans l'Ancien comme dans le Nouveau Testament, nous livre beaucoup d'exemples de ceux qui, même avec beaucoup de biens de ce monde, mais sans compter avec et sur Dieu, ont fait l'expérience de leur nullité et de leur fragilité. Rappelons-nous ici, par exemple, du cas de ce grand Pharaon qui ne comptait que sur la puissance de son armée et croyait rattraper le peuple d'Israël pour le retourner en esclavage en Egypte. Il finit, et lui et son armée, dans la mer et moururent tous (Cfr. Ex 14, 26-31). Pensons aussi au cas de

---

[4]Jn 15, 4-5.
[5]Cfr. Mt 10, 16; Lc 10, 3
[6]Jn 15, 6.
[7]Cfr. Lc 12, 22-31; 11, 9-13; Mt 11, 28-30; 21, 21-22.

ces notables d'Israël auxquels nous réfère le prophète Amos: non seulement ils maltraitaient les pauvres, mais ne se référaient plus au Seigneur Dieu. Ils finirent en exil et dans les tribulations (Cfr. Am 6). Faut-il rappeler aussi la parabole de cet homme riche racontée par Jésus qui ne comptait que sur ses avoirs, oubliant que c'est sûr Dieu qu'il faut compter, car Lui seul a le dernier mot sur la vie de chaque homme (Cfr. Lc 12, 16-21).

Aussi sommes-nous appelés, pour ne pas connaître la même situation, à donner toujours un grand espace à Dieu dans nos vies, à savoir nous référer toujours à Lui et à sa parole en toute circonstance de notre vie. Et à ce niveau justement, j'aimerais partager une expérience que je suis en train de faire pour donner de plus en plus de l'espace à Jésus dans la vie et se référer continuellement à Lui. En effet, partout où je vais et me trouve, je me donne comme exercice de me rappeler certaines paroles de Jésus qui correspondent ou renvoient à ce que je suis en train de voir et d'entendre; et dès qu'une parole me vient à l'esprit, je fais une petite prière là-dessus. Cet exercice aide beaucoup, non seulement parce qu'il permet de se référer continuellement à Jésus et à sa parole, mais aussi parce qu'il permet de prier continuellement aussi bien pour nous-mêmes que pour les autres. Cet exercice a aussi l'avantage d'occuper toujours notre esprit et notre intelligence, et de ne pas toujours avoir un grand vide dans l'esprit et le cœur. Car chaque fois qu'il y a un tel vide, l'expérience révèle que l'ennemi (qui ne va jamais en vacances) cherchera toujours de l'occuper et l'occupera de sa façon.

Si l'Esprit Saint vous souffle aussi une autre méthode pouvant permettre de se référer toujours à Dieu, de rester continuellement en contact avec Lui et de compter toujours sur Lui, prière la partager avec les autres, pour que nous puissions toujours rester en communion avec notre Seigneur. Car, comme nous avons pu le montrer ci-haut, seul celui qui se comporte de cette façon peut espérer jouir de la totale et permanente protection du Seigneur. Et même s'il lui arrivait des difficultés et des souffrances, le Seigneur l'en délivrerait toujours; à son cri d'appel et à sa prière, il répondrait et viendrait toujours à son secours. Les psalmistes et beaucoup de prophètes en disent long là-dessus.[8]

Et à ce niveau, j'aimerais aussi partager ma compréhension de l'épisode de la tempête apaisée nous relaté par tous les évangélistes dits synoptiques[9], épisode qui nous permet de comprendre les difficultés qui peuvent nous arriver, malgré notre vie de foi en Dieu, mais difficultés qui ne sont jamais la fin pour nous. En effet, après que les apôtres l'aient réveillé, parce qu'effrayés par l'ampleur de la tempête et des vagues d'eau qui remplissaient déjà la barque, Jésus commence d'abord par tonner et donner un ordre à la mer, à la tempête et aux vagues d'eau, et ce fut un grand calme; puis, il se tourne vers ses apôtres et leur demande : “pourquoi et de quoi avez-vous peur?”. En d'autres termes, il leur dit ceci : Moi, le Créateur de la mer, du vent, de la tempête et des vagues, étant avec vous dans la barque, pourquoi avoir peur? Ce que nous devons savoir, c'est que,

---

[8]Cfr. Ps 21; 27, 1-3.13-14; 34, 5-11.20

[9]Cfr. Mt 8, 18.23-27; Lc 8, 22-25; Mc 4, 35-41.

depuis que nous avons cru en Lui et avons reçu le baptême en son nom, Jésus est dans la barque de la vie de chacun et de chacune de nous. Cependant, cela ne signifie pas qu'il n'y aura jamais du vent contraire, qu'il n'y aura jamais de tempête ou qu'il n'y aura jamais des vagues d'eau qui pourront même, à un certain moment, entrer dans notre barque. Tout cela peut arriver et arrivera sur notre parcours, mais ça ne sera pas la fin; car Jésus est dans la barque de la vie de chacun et de chacune de nous, et il donnera un ordre, ordre auquel ni le vent, ni la tempête, ni la mer, ni les vagues, ni même la mort, ne peuvent opposer résistance. A nous d'avoir seulement et toujours confiance en Lui. Oui, mon frère ou ma sœur, le vent de la maladie, la tempête des difficultés, les vagues des problèmes que tu rencontres aujourd'hui, malgré ta foi et ta référence à Jésus et à sa parole, ne doivent pas te décourager. Continue à croire en Lui et à te référer à Lui; il donnera un ordre et tout deviendra normal. **Jusqu'au moment où le calme n'est pas encore revenu (et même après qu'il soit revenu), continue à espérer toujours en Lui, il donnera un ordre et ta joie sera grande; une joie, comme il le disait lui-même, que personne ne saura vous l'enlever.**[10]

Nous y reviendrons plus loin. Pour l'instant, avant de passer à la deuxième source des malheurs dans la vie d'un homme, retenons qu'il est important et même nécessaire, pour notre bonheur – un bonheur vrai et permanent – de compter avec et sur le Seigneur, de rester attachés à Lui, dans toutes les circonstances de notre vie, comme les branches de la vigne qui ne peuvent se développer et porter des feuilles, des fleurs et des fruits qu'en restant attachées à la vigne.

2. Deuxième source de malheurs dans la vie d'un homme: le mal fait à l'homme.

La deuxième source des malheurs dans la vie d'un homme et qui est d'ailleurs la plus répandue, c'est **le mal fait à l'homme**, le mal fait à son prochain. En effet, l'expérience et même la Parole de Dieu nous révèlent à suffisance que le mal fait à l'homme nous retourne toujours, tôt ou tard, mais il revient quand même. Et, souvent, il nous revient quand nous avons déjà oublié le mal que nous avions fait à notre prochain. Ne l'oublions donc pas: le mal fait au prochain, nous reviendra toujours, tôt ou tard; le mal fait à l'enfant d'un autre, au parent d'un autre, à la femme d'un autre, au mari d'une autre, etc. nous reviendra toujours ou reviendra toujours aux nôtres, tôt ou tard.

Ainsi donc, quand le malheur nous arrive, essayons toujours de faire aussi un examen de conscience sur notre comportement envers notre prochain. Si nous le faisons sincèrement, nous pouvons, si c'est le cas, découvrir que nous serions entrain de récolter ce que nous aurions fait à l'autre.

La Bible est pleine d'exemples de ceux qui ont vu le mal qu'ils avaient fait au prochain ou aux siens leur retourner ou retourner aux leurs, tôt ou tard. C'est le cas du roi Saul,

[10]Cfr. Jn 16, 20.22.

qui voulait coûte que coûte du mal au jeune David[11]; c'est le cas du roi David, qui a vu le mal qu'il avait fait à un de ses commandants qui n'était d'ailleurs pas juif (car Dieu ne fait pas de différence: tout homme a du prix à ses yeux) retourner à sa famille[12]; c'est aussi le cas du roi Achab qui, après avoir tout fait, jusqu'à l'élimination physique de Nabot, dans le but de lui arracher sa vigne et en faire son jardin, va connaître aussi une mort tragique[13]; c'est encore le cas de ce serviteur impitoyable, dont nous parle Jésus, dans la parabole dite *"Parabole du serviteur impitoyable"*.[14] Son maître finit par revenir à sa décision de lui remettre toute sa dette pour le traîter comme lui l'a fait avec son collègue.

Les prophètes Amos et Isaïe sont aussi de ceux qui nous révèlent que Dieu punit tout le mal fait à l'homme, surtout au plus faible que nous.[15]

C'est aussi dans la même optique que le psalmiste nous dévoile que le mal fait ou même seulement imaginé ou préparé contre le prochain, nous retourne toujours:

"Si l'homme ne se reprend pas, qu'il affûte son épée, qu'il bande son arc et l'apprête, c'est pour lui qu'il apprête les engins de morts et fait de ses flèches des brandons; le voici en travail de malice, il a conçu la peine, il enfante le mécompte. Il ouvre une fosse et la creuse, il tombera dans le trou qu'il a fait; sa peine reviendra sur sa tête, sa violence lui retombera sur la crâne."[16]

Aussi Jésus-Christ lui-même – qui sait très bien que tout ce que nous faisons à notre semblable nous retourne toujours, tôt ou tard, et qui veut que le bien et non le mal nous retourne – nous conseille-t-il de faire au prochain, non pas du mal, mais du bien: *"Ainsi, tout ce que vous voulez que les hommes fassent pour vous, faites-le vous-mêmes pour eux : voilà la Loi et les Profètes."*[17] D'autre part, il dit encore: *"Qui tue par l'épée, périt par l'épée"*[18] *ou encore "Car, du jugement dont vous jugez, on vous jugera, et de la mesure dont vous mesurez on mesurera pour vous."*[19]

Chez Luc il est même plus explicite:

"Montrez-vous compatissants, comme votre Père est compatissant. Ne jugez pas, et vous ne serez pas jugés; ne condamnez pas, et vous ne serez pas condamnés; remettez, et il vous sera remis. Donnez et l'on vous donnera; c'est une bonne mesure, tassée, secouée, débordante, qu'on versera dans votre sein; car de la mesure dont vous mesurez on mesurera pour vous en retour."[20]

Allant dans la même perspective que Jésus, saint Paul, pour sa part, va recommander aux chrétiens de ne pas se fatiguer et de persévérer dans le bien à faire au prochain en ces termes : "Pour vous, frères, ne vous laissez pas de faire le bien".[21]

---

[11]Cfr. 1S 24. 26. 31.
[12]Cfr. 2S 11-15s.
[13]1R 21.
[14]Cfr. Mt 18, 23-35.
[15]Cfr. Am 5, 10-13; Is 29, 15-16; 58, 6-12; 59.
[16]Ps 7, 13-17.
[17]Mt 7, 12.
[18]Mt 26, 52.
[19]Mt 7, 2.
[20]Lc 6, 36-38.
[21]2 Th 3, 13.

Il faut retenir que depuis que le Fils de Dieu s'est incarné et a pris chair, devenant aussi un homme, **la voie vers Dieu** s'appelle désormais **homme**. En effet, nous ne pouvons plus désormais prétendre connaître authentiquement Dieu, ni croire authentiquement en Lui, ni l'aimer et le servir authentiquement si nous sommes indifférents à l'homme, si nous ne savons pas nous faire **artisans du bien de l'homme**. C'est dans cette optique que, en se révélant à Saoul sur la route de Damas, Jésus ne lui dit pas "Saoul, Saoul, pourquoi tu persécutes les chrétiens ou les croyants?", mais il lui dit par contre "Saoul, Saoul, pourquoi me persécutes-tu?".[22] **Pour le Seigneur Jésus, en effet, tout ce que nous faisons à l'homme, c'est à Jésus lui-même que nous le faisons.** Cela se révèle encore clairement dans la parabole qu'il raconte sur le jugement dernier[23] et dans laquelle il nous montre que tout ce que nous faisons ou refusons de faire pour nos frères et sœurs qui sont dans le besoin, c'est à Jésus lui-même que nous le faisons ou que nous refusons de le faire. Aussi notre sanction finale dépendra-t-elle de ce que nous aurions fait à chaque homme ou chaque femme qui était dans le besoin et à qui Jésus s'identifie.

La sagesse négro-africaine, quant à elle, reste très convaincue que tout ce que nous faisons à notre semblable nous retourne toujours, tôt ou tard. Aussi conseille-t-elle, à travers plusieurs proverbes, de faire toujours du bien à son semblable pour non seulement avoir le bien en retour, mais aussi pour mériter toujours l'affection des ancêtres, qui ne peuvent, en aucun cas, laisser impuni le mal rendu à son semblable. C'est le cas de certains proverbes tétera ci-après :*"Ololo ha honde"*(littéralement : "le bienfait ne pourrait jamais", ce qui veut dire que le bienfait à notre prochain aura toujours ses effets); *"Washo wa nyama henyi ontu"* (littéralement: "les yeux d'un animal ne voient pas ou ne reconnaissent pas un homme."), pour dire que l'avare, celui qui ne veut pas partager avec son prochain, est semblable à un animal, ce n'est pas une personne humaine qui, elle, se distingue de l'animal par le partage et l'attention au prochain.
C'est aussi le cas de certains proverbes luba, dont celui-ci : *"Kupa, nkuteka, nansha mupa kapumba"* (littéralement : "donner au prochain, c'est conserver, même si c'est fait à un plus démuni, qui ne peut rien te garantir en retour; ce qui veut dire que le bienfait rendu à n'importe quel homme, même le plus petit et le plus pauvre, nous reviendra toujours, parce qu'il est conservé pour nous).

De tout ce qui précède, nous pouvons retenir que, si nous voulons éviter des malheurs dans notre vie, nous devons, en deuxième lieu, non seulement éviter de faire du mal à tout homme et/ou à toute femme, mais aussi nous engager à ne lui faire que du bien. Alors nous connaitrons le bonheur, et non le malheur, car le bienfait nous retournera. Beaucoup de nos frères et sœurs souffrent aujourd'hui à cause du mal qu'ils ont ou avaient fait au prochain et dont ils paient maintenant, parfois sans se le rappeler encore, les conséquences néfastes.

Pour éviter tout cela, fournissons désormais un grand effort, avec l'aide de l'Esprit

---

[22]Ac 9, 4.
[23]Cfr. Mt 25, 36-41.

Saint, dans une prière constante, pour faire toujours, non du mal, mais du bien à notre prochain. Et, si nous nous rappelons de lui avoir fait du mal, prions et demandons la grâce de l'Esprit Saint, pour aller demander humblement pardon. Il en va non seulement du bien de notre victime, mais aussi de notre propre bien et de notre bénédiction de la part de notre Seigneur.

Voilà qui nous conduit tout droit à la troisième source des malheurs dans la vie d'un homme, à savoir : le manque de pardon.

3. Troisième source de malheurs dans la vie d'un homme: le manque de pardon dans la vie quotidienne.

Le manque de pardon dans la vie quotidienne d'un homme engendre beaucoup de problèmes et de difficultés pour le concerné lui-même et pour les autres. En effet, un homme qui ne sait pas pardonner les fautes et les manquements des autres, souffrira presque toute sa vie, d'autant plus que les hommes ne sont pas des saints (immunisés et sans possibilité de faillir un jour) et fera aussi souffrir les autres en leur rendant ou en cherchant toujours à leur rendre le mal pour le mal. Ainsi, en ne pardonnant pas, on finira non seulement par avoir toujours des problèmes et souffrir soi-même, mais aussi par avoir toujours des problèmes avec presque tout le monde et par là faire souffrir toujours les autres.

L'expérience, la sagesse africaine et la Parole de Dieu nous révèlent à suffisance que, aussi longtemps qu'il n'a pas encore pardonné de tout cœur à son prochain, qui lui a fait du mal :
a) l'homme manquera toujours de paix intérieure, préalable nécessaire pour toute vie sereine, tranquille et heureuse; car, tout le temps, il ne pensera qu'au mal qu'on lui a fait, surtout s'il voit ou se rappelle la personne qui le lui a fait. Il arrive même que certains en souffrent plus, jusqu'à en tomber même malades, alors que s'ils pardonnaient ils seraient déjà tranquilles. Un proverbe luba nous en dit long là-dessus: *"Wa- lala ni nzala, kuladi ne muanda munda"*, ce qui veut dire littéralement "mieux vaut dormir affamé que de dormir avec un tourment, avec une dent contre son prochain". En fait, quand on a une dent contre son prochain, on manque de paix en soi et on peut même manquer facilement de sommeil.

b) l'homme n'aura pas non plus, de la part de notre Dieu, le pardon de ses propres péchés. Au dire de Jésus, en effet, le pardon de Dieu pour nos péchés est conditionné au pardon que nous devons à notre tour accorder à ceux qui nous ont fait du mal:

"Oui, si vous remettez aux hommes leurs manquements, votre Père céleste vous remettra aussi; mais si vous ne remettez pas aux hommes, votre Père non plus ne vous remettra pas vos manquements."[24]

---

[24]Mt 6, 14-15.

Et, en plus, avec certaines paraboles et paroles, Jésus nous montre d'ailleurs que ce pardon envers notre prochain, pour attirer facilement celui de Dieu sur nous, doit non seulement être illimité[25], mais aussi être accordé de tout cœur[26] et dans le respect de la dignité de notre prochain "coupable".[27]

Ouvrons ici une parenthèse, pour nous permettre de comprendre, non seulement qu'il est important de pardonner dans la vie d'un homme, mais aussi que ce pardon doit se faire, non selon le monde, mais selon la volonté de Dieu. Car, si notre pardon n'est pas accordé selon sa volonté, il ne nous obtiendra pas non plus le pardon qui vient de Lui. Cette parenthèse, c'est le compte rendu d'une récollection que j'avais prêchée à une communauté de sœurs chez nous en R.D.Congo, avec comme titre "L*es blessures intérieures: comment les avons-nous et comment les guérir?*".

En effet, nous avions subdivisé notre méditation en deux grandes parties, avant de poser, à la fin, quelques questions pour la méditation personnelle:

Dans la première partie, nous avions cherché à énumérer les causes de ces blessures et/ou les sources desdites blessures. Et là, nous nous étions rendus compte que toutes les blessures intérieures que nous portons ne sont pas causées uniquement par les autres; certaines sont causées par nous-mêmes, par des idées erronées que nous nous faisons sur les autres ou que nous attribuons injustement aux autres qui, pour la plupart de fois, peuvent être innocents. En effet, il y en a qui se blessent en interprétant très mal, par exemple, le regard, le sourire, le parler, le marcher de l'autre ou des autres et, delà, pensent directement que ces derniers leur veulent du mal. Aussi peuvent-ils commencer ainsi à les haïr, à leur vouloir du mal. Il y en a aussi qui se blessent en projetant sur les autres leurs propres mauvaises intentions (qu'ils ont sur les autres) et, delà, ils pensent directement que ces derniers aussi ont les mêmes mauvaises intentions que les leurs. C'est de la pure projection de ce que nous sommes sur les autres qui, pour la plupart de fois, sont des pauvres innocents. Mais il y en a aussi qui sont effectivement blessés par les paroles et les actions des autres; et d'autres les sont aussi par le manque de justice et de droit dans la communauté, par l'indifférence des autres à leur égard, surtout au moment de leurs difficultés; ou encore par la mégestion des biens communautaires, etc.

Dans la seconde partie de notre récollection, nous avions cherché à répondre à la question qui nous semblait la plus importante de ladite récollection, à savoir: comment guérir les blessures intérieures? Qu'elles soient de nous-mêmes ou des autres, comment les soigner et les guérir complètement?

Avant d'énumérer les trois façons de guérir ces blessures, nous avions souligné la nécessité d'un examen de conscience vrai et profond, en commençant évidemment par une prière à l'Esprit Saint qui, comme avait dit Jésus, nous conduira à la Vérité toute

---

[25]Cfr. Lc 17, 3b-4; Mt 18, 21-22.
[26]Cfr Mt 18, 23-35.
[27]Cfr. Mt 18, 15s; 1, 18-25.

entière. Cet examen, sous la mouvance de l'Esprit Saint, a pour mérite de nous permettre de déterminer si nous sommes nous-mêmes les auteurs des blessures que nous portons ou si ce sont les autres, à prendre conscience de la volonté de Dieu sur nous (qui est celle de nous voir accorder notre pardon à celui, à celle ou à ceux qui nous ont fait du mal) et prendre la résolution de nous conformer à cette volonté de Dieu, pour notre salut.

Après avoir découvert l'auteur ou les auteurs de nos blessures et pris conscience de la volonté de Dieu pour notre salut, l'important à faire, c'est d'abord de prier pour lui ou pour eux, comme nous le recommande le Seigneur[28], puis savoir procéder pour soigner et guérir lesdites blessures. Il faut noter ici que la prière d'une victime pour son bourreau, non seulement touche facilement le cœur de notre Dieu et nous permet d'imiter le Seigneur Jésus, qui avait prié même pour ceux qui le persécutaient, mais aussi permet à l'Esprit Saint d'accorder aussi bien au bourreau la grâce de la conversion et de la disposition à la réconciliation avec sa victime qu'à cette dernière la paix du cœur, le courage de pardonner et les paroles adaptées pour la réconciliation avec son bourreau. Et pour ce qui est des façons de guérir ces blessures, nous en avions énuméré trois, dont seule la troisième façon permet de guérir complètement lesdites blessures. Essayons d'entrer en profondeur :

– la première façon (souvent conseillée soit par notre plein de nous-même, soit par le monde, soit par le Malin, qui ne veut pas qu'il y ait un vrai pardon, pour ne pas nous voir obtenir à notre tour le pardon de Dieu et vivre en paix avec nous-mêmes et avec les autres) : conditionner le pardon que nous devons accorder aux autres au fait que le "coupable" fasse d'abord le premier pas vers nous, qu'il vienne nous demander pardon, d'autant plus que c'est lui qui nous a fait du mal. Cette première façon, même après le premier pas du "coupable", ne guérit pas totalement notre plaie. Cela se fera remarquer quand ce dernier faillira encore, d'autant plus que l'homme n'est jamais infaillible. En ce moment-là nous serons les premiers à lui rappeler le premier mal qu'il nous avait fait et à lui demander si, avec ce qu'il vient encore de nous faire, viendrait-il de nouveau implorer notre pardon.

Comme on peut le remarquer ici, cette première façon ne nous permet pas de guérir complètement notre plaie. Elle donne juste l'impression d'avoir cicatrisé notre plaie, mais en réalité elle ne fait que la couvrir superficiellement, alors qu'à l'intérieur, elle demeure fraîche et n'attend qu'une petite opportunité pour se révéler comme telle.

– la deuxième façon de soigner les blessures intérieurs, mais qui, comme la première, ne les guérit pas complètement, c'est d'attendre la médiation d'une tierce personne ou des tierces personnes. Ici aussi, dès la prochaine faute du prochain, nous nous rendrons facilement compte que notre plaie n'était pas encore complètement guérie, malgré l'intervention des tierces. Aussi serons-nous vite les premiers à appeler ces dernières et à leur dire que leur médiation n'avait servi à grand-chose, car le monsieur ou la dame

---

[28]Mt 5, 44b.

a encore failli; nous serons les premiers à leur demander si, avec ce qu'il ou elle vient de faire encore, pourraient-ils de nouveau venir faire la médiation? C'est dire alors que nous n'avions pas vraiment pardonné, c'est dire que notre plaie n'était pas complètement cicatrisée, malgré la médiation de ces tierces personnes.

– la troisième façon de soigner nos blessures intérieures et qui les guérit complétement, nous est proposée, non par le monde, ni par notre propre ego, ni par le Malin, mais par Jésus lui-même. Selon Lui, en effet, pour guérir complètement nos blessures intérieures, surtout si elles ont pour auteurs les autres et que nous nous sommes des victimes, nous devons faire, nous les victimes, le premier pas vers celui ou celle (ceux ou celles) qui nous a ou qui nous ont fait du mal, pour aller lui ou leur parler, lui ou leur pardonner de vive voix, tout en lui ou leur demandant d'en tenir compte prochainement. C'est ce que Jésus explique, lorsqu'il dit:

> *"Quand donc tu présentes ton offrande à l'autel, si là tu te souviens que ton frère a quelque chose contre toi, laisse là ton offrande, devant l'autel, et va d'abord te réconcilier avec ton frère; puis reviens, et alors présente ton offrande".*[29]

En effet, quand, après la prière, nous qui sommes blessés ou victimes faisons le premier pas vers celui et/ou celle qui nous a fait du mal pour aller nous réconcilier avec lui et/ou elle, non seulement nous atténuons notre douleur, nous nous engageons personnellement pour mettre fin à ce mal et nous interpellons de façon particulière notre "bourreau" pour sa conversion, mais aussi nous brisons facilement la chaîne de haine et de vengeance avec laquelle l'ennemi voulait nous maintenir dans le mal.

C'est vrai qu'il n'est pas toujours facile de procéder ainsi: d'abord parce que nous nous croyons idoines dans le mal qui est arrivé et donc en droit d'attendre le premier pas du coupable; ensuite, il peut y arriver que notre bourreau ne soit pas disposé à nous accueillir ou à nous écouter; et enfin beaucoup, en nous voyant vouloir le faire, peuvent facilement chercher à nous décourager, en nous traitant de lâches ou de faibles. Tout cela, ce sont des manœuvres de l'ennemi pour nous empêcher d'arriver au vrai pardon et à la vraie guérison.

Si donc nous voulons avoir le courage de procéder selon cette troisième façon et cicatriser complètement nos blessures intérieures, nous devons, premièrement beaucoup prier, c'est-à-dire nous référer d'abord au Seigneur qui, seul, peut, non seulement nous donner le courage de le faire, les paroles adéquates pouvant toucher notre interlocuteur et la volonté de lui pardonner de tout cœur, mais aussi toucher son cœur, le rendre sensible à notre démarche et à nos paroles et le pousser à la vraie conversion. On n'échoue dans cette troisième façon que quand on procède sans se référer d'abord à Jésus, dans une prière personnelle et une méditation personnelle de sa parole. Car, sans son aide, nous ne pouvons pas faire grande chose, nous ne pouvons réussir dans ce que nous entreprenons. *"Sans moi, nous confiait-il, vous ne pouvez rien faire"* (Cfr. Jn 15, 5).

---

[29]Mt 5, 23.

Après cette longue mais importante parenthèse, continuons à énumérer ce que l'expérience, la sagesse africaine et la Parole de Dieu nous dévoilent comme conséquences que connait tout celui ou toute celle qui n'a pas encore pardonné de tout cœur à son frère:

c) le Seigneur notre Dieu n'écoutera plus sa prière, ne recevra plus ses offrandes et lui cachera toujours sa face.[30]

Et si quelqu'un n'a plus de paix en lui-même, si Dieu ne lui pardonne plus ses péchés, si Dieu lui cache toujours sa face, n'écoute plus ses prières et ne reçoit plus ses offrandes, imaginons un peu la situation dans laquelle il se trouverait: Ça serait un homme vraiment agité et tourmenté, un homme perdu et malheureux pour toujours.

Le manque de pardon dans la vie quotidienne d'un homme a donc des conséquences tellement néfastes qu'il faut vite éviter, en pardonnant de tout cœur à ceux qui nous font du mal, si nous voulons avoir de paix en nous et vivre en paix aussi bien avec les autres qu'avec Dieu lui-même.

4. Quatrième source de malheurs dans la vie d'un homme: la paresse, l'oisiveté, le refus de travailler, le manque de travail et le manque du sérieux dans son travail.

En effet, tel que Dieu l'a créé, l'homme doit manger, boire, se laver, s'habiller, etc. Et, s'il a encore une famille et des enfants, ces derniers doivent eux aussi manger, boire, se laver, s'habiller, être soignés s'ils sont malades, et avec l'évolution de la société ils doivent aussi étudier, etc. Tout cela exige des moyens que l'homme ne peut avoir qu'en travaillant, en soignant son travail et en se donnant corps et âme pour mieux faire ce qu'il a comme travail.

Dans cette optique, un homme qui ne veut pas travailler ou qui ne veut pas soigner son travail et s'y donner de tout cœur, se butera à beaucoup de difficultés et de souffrances, il ne saura pas répondre positivement aux besoins nécessaires de son humanité et de celle des siens; il peut même facilement arriver jusqu'à voler, à trahir, à envier, à mentir, etc., avec tout ce que cela comporte comme corollaires et conséquences néfastes pour sa dignité d'homme.

Ici se comprend pourquoi Dieu lui-même donne à l'homme l'exemple, en travaillant pendant six jours pour ne se reposer que le septième jour.[31]Et, en créant l'homme, il lui confia le jardin d'Eden et lui demanda de travailler pour transformer la terre.[32]

---

[30]Cfr. Is 59, 2; Mt 5, 23-24.
[31]Cfr. Gn 1-2, 4a.
[32]Cfr. Gn 1, 28.

De ce qui précède, nous pouvons dire, sans peur de nous tromper, que tout celui qui ne veut pas travailler, non seulement il va beaucoup souffrir dans sa vie et faire souffrir les autres, mais aussi témoigne par ce fait qu'il ne connaît pas vraiment Dieu ou le connaît mal, et ne connaît non plus sa volonté:

a) Il ne connaît pas Dieu ni sa volonté non plus, parce que Dieu s'est d'abord révélé par le travail très bien fait pendant 6 jours sur 7 et a demandé aux hommes, en les créant, de travailler et de transformer la terre. Il faut, dès ici déjà, noter que le travail n'est pas, comme beaucoup le croient, une punition, une conséquence du péché de l'homme, non; le travail est demandé à l'homme dès sa création, avant même que ce dernier pèche. Le travail est donc, pour reprendre certains philosophes, une dimension constitutionnelle de l'humanité de l'homme; comme qui dirait: un homme qui ne veut pas travailler n'est pas totalement homme, il manque quelque chose de très important pour son humanité.

Le pape François est de cet avis, lorsque, dans son tweet publié le jeudi 11juin 2015 sur son compte @Pontifex fr, il condense le cœur de son enseignement social, en soulignant de façon remarquable le lien entre travail et dignité humaine. Selon le Saint Père, en effet, "*Là où il n'y a pas de travail, il n'y a pas de dignité*".[33]

Comme on peut le remarquer, c'est ce qu'il avait déjà souligné avec insistance dans son exhortation apostolique "La joie de l'Evangile", lorsqu'il disait non à une économie de l'exclusion :

> *"Aujourd'hui, écrit le pape, tout entre dans le jeu de la compétitivité et de la loi du plus fort, où le puissant mange le plus faible. Comme conséquence de cette situation, de grandes masses de population se voient exclues et marginalisées: sans travail, sans perspectives, sans voies de sortie".*[34]

Face à une telle situation, le pape, qui souligne le lien étroit entre le travail et la dignité humaine, ne pouvait qu'appeler tout le monde (les dirigeants comme les dirigés ou citoyens) à réagir. Aussi le fait-il sans embage en ajoutant :

> *"De même que le commandement de 'ne pas tuer' pose une limite claire pour assurer la valeur de la vie humaine, aujourd'hui, nous devons dire non à une économie de l'exclusion et de la disparité sociale. Une telle économie tue".*[35]

Ce qui est encore important à souligner, dans cette exhortation apostolique, en rapport avec l'importance du travail dans la vie de l'homme, c'est le fait que le pape n'oublie pas de mettre en exergue les caractéristiques d'un travail digne à l'homme. Selon le pape, un tel travail doit être libre, créatif, participatif, solidaire, avec un salaire juste qui permet au salarié de répondre positivement et facilement aux impératifs d'une vie humaine digne de ce nom.

> *"Dans le travail libre, créatif, participatif et solidaire, écrit le pape, l'être humain exprime et accroît la dignité de sa vie. Le salaire juste permet l'accès adéquat aux autres biens qui sont*

---

[33]Cfr. BOURDIN, A., "Pas de travail, pas de dignité, tweet social", Rome, 11 juin 2015 (Zenit.org).
[34]FRANÇOIS, *La joie de l'Evangile,* n. 53.
[35]Idem.

destinés à l'usage commun".[36]

Un tel travail, comme on peut le deviner, appelle l'implication aussi bien de celui ou de celle qui travaille (il doit consciencieusement le faire) que celle des dirigeants et responsables qui doivent faire tout pour procurer à chacun et à chacune un travail digne. Aussi le pape s'adresse-t-il non seulement aux citoyens, mais aussi aux gouvernants. A ces derniers, il fait cette adresse :

"Il est indispensable que les gouvernants et le pouvoir financier lèvent les yeux et élargissent leurs perspectives, qu'ils fassent en sorte que tous les citoyens aient un travail digne, une instruction- et une assistance sanitaire. Et pourquoi ne pas recourir à Dieu afin qu'il inspire leurs plans? Je suis convaincu qu'à partir d'une ouverture à la transcendance pourrait naître une nouvelle mentalité politique, économique, qui aiderait à dépasser la dichotomie absolue entre économie et bien commun social".[37]

Quant à ce qu'il dit aux citoyens, référons-nous, ensemble avec Anita Bourdin, à ce qu'il avait dit aux travailleurs de Sardaigne, lors de son voyage à Cagliari, en Sardaigne, le 22 Septembre 2013. En effet, tout en les stimulant à chercher et à trouver du travail (synonyme selon lui de la dignité humaine), le pape n'avait pas oublié de leur indiquer aussi certains critères à respecter pour un travail humain digne de ce nom : chercher un travail digne, rapporter le pain à la maison, être animé par le service du bien commun et l'espérance chrétienne. Il faut, à tout prix, éviter la recherche du profit, le travail précaire, l'idolâtrie de l'argent qui laisse de côté les personnes âgées et les jeunes, et met au centre l'argent, qui "commande" et non pas l'homme, la femme, la famille : un système économique globalisé "sans éthique". Il faut lutter "avec astuce" et "ensemble" contre ce système. C'est un défi historique qu'il faut affronter avec solidarité et intelligence.[38]

Avec ce premier point donc, nous nous rendons compte, non seulement que celui qui ne travaille pas ou qui ne veut pas travailler, alors qu'il en a encore les capacités, n'est pas totalement homme et devient un danger pour lui-même et pour les autres, mais aussi qu'il faut pour chacun et chacune un travail qui respecte la dignité humaine. D'où la nécessité de l'implication de la part de tous et à tous les niveaux. Mais ce n'est pas tout: celui qui ne travaille pas s'expose aussi à beaucoup de souffrances:

b) Il va beaucoup souffrir et faire souffrir les autres, qui seraient toujours obligés de le porter et de supporter ses bêtises : facilement il deviendra voleur (avec tout ce que cela comporte comme conséquences néfastes), car s'il a faim et soif, s'il est dans le besoin, et qu'il voit les biens des autres, il va les voler; facilement il deviendra en- vieux et "sorcier", car il ne sera pas toujours content de voir les autres (qui sont bien parce que jouissant des biens de leur travail) posséder ce que lui manque ou ce dont il a besoin; facilement, il sera spécialiste des affaires d'autrui, se mêlant partout, en tout et de tout.[39]

---

[36]Ibidem, n.192

[37]Ibidem, n. 205.

[38]BOURDIN, A., Pas de travail, pas de dignité, tweet social", Rome, 11 juin 2015 (Zenit.org).

[39]Cfr. 2 Th 3, 11-12.

C'est dans cette perspective que la Parole de Dieu, soit dans l'Ancien que dans le Nouveau Testament, traite sévèrement tout celui qui ne veut pas travailler. Elle va jusqu'à demander, comme nous allons le voir ci-dessous, de s'éloigner de lui et de ne jamais se lier d'amitié avec un tel:

– Ben Sirac le sage, par exemple, dit dans Ecclésiastique: *"Le paresseux est semblable à une pierre crottée, tout le monde le persifle. Le paresseux est semblable à une poignée d'ordures, quiconque le touche secoue la main".*[40]

– L'auteur du premier livre des Rois qui croit que par le travail l'homme révèle non seulement sa force et son humanité, mais aussi son obéissance aux recommandations de son créateur, stimule tout homme au travail en ces termes:
"Sois fort et montre-toi un homme! Tu suivras les observances de Yahvé ton Dieu, en gardant ses lois, ses commandements, ses ordonnances et ses instructions, selon qu'il est écrit dans la loi de Moïse, afin de réussir en toutes tes œuvres et tous tes projets".[41]

– L'auteur du livre des proverbes, pour sa part, demande à tout le monde de se référer même aux leçons que nous donnent les fourmis, afin de travailler et de se réveiller tôt pour cela, pour ne pas devenir un indulgent et un mendiant:
"Va voir la fourmi, paresseux! Observe ses mœurs et deviens sage: elle qui n'a ni magistrat, ni surveillant ni chef, durant l'été elle assure sa provende et amasse, au temps de la moisson, sa nourriture. Jusque à quand, paresseux, resteras-tu couché? Quand te lèveras-tu de ton sommeil? Un peu dormir, un peu s'assoupir, un peu croiser les bras en s'allongeant, et, tel un rôdeur, viendra l'indigence, et la disette comme un mendiant".[42]

– Jésus lui-même, avec beaucoup de paraboles à l'appui, montre à suffisance que Dieu n'aime pas que l'homme soit paresseux. C'est le cas de la parabole dite des ouvriers de la onzième heure[43], dans laquelle le patron, qui est Dieu, bien qu'il ait déjà envoyé dans sa vigne les travailleurs avec qui il s'était bien convenu de donner à la fin de la journée de travail un salaire d'un denier, ne se fatigue pas pour aller cher- cher d'autres ouvriers sur la place et de les envoyer aussi travailler dans sa vigne. Il va même aller en chercher alors qu'il ne reste plus qu'une heure de travail pour ladite journée; car, pour lui, tout le monde doit travailler.

C'est le cas aussi de la parabole dite des talents, diversement racontée par Matthieu et par Luc[44], dans laquelle Jésus nous révèle non seulement la grande confiance que le patron a dans ses ouvriers (à qui il confie toute sa fortune pour la fructifier), mais aussi qu'il occupe tous ses ouvriers, parce qu'il veut que chacun d'eux travaille.
– Allant dans la même perspective, saint Paul, dans sa deuxième lettre aux Thessaloniciens, recommande que chacun, au nom de notre Seigneur Jésus le Christ,

---

[40]Si 22, 1-2.
[41]1R 2, 2b-3.
[42]Pr 6, 6-11.
[43]Cfr. Mt 20, 1-16.
[44]Cfr. Mt 25, 14-30; Lc 19, 12-27.

se pro- pose, comme lui l'a fait pour les Thessaloniciens, en modèle pour les autres, non seulement par une vie ordonnée, mais aussi par le travail :

"Car vous savez bien comment il faut nous imiter. Nous n'avons pas eu une vie désordonnée parmi vous, nous ne nous sommes fait donner par personne le pain que nous mangions, mais de nuit comme de jour nous étions au travail, dans le labeur et la fatigue, pour n'être à la charge d'aucun de vous : non pas que nous n'en ayons le pouvoir, mais nous entendions vous proposer en nous un modèle à imiter. Et puis, quand nous étions près de vous, nous vous donnions cette règle: si quelqu'un ne veut pas travailler, qu'il ne mange pas non plus. Or nous entendons dire qu'il en est parmi vous qui mènent une vie désordonnée, ne travaillant pas du tout mais se mêlant de tout. Ceux-là, nous les invitons et engageons dans le Seigneur Jésus Christ à travailler dans le calme et à manger le pain qu'ils auront eux-mêmes gagné".[45]

Il faut aussi noter que, loin de s'arrêter là, saint Paul va aller encore plus loin. En effet, tout en recommandant aux chrétiens de Thessalonique de ne pas se lasser de faire le bien, il va aussi leur demander de tenir à distance tout celui ou toute celle qui ne veut pas respecter ces recommandations faites au nom du Seigneur[46] et le ou la faire connaître à tout le monde pour qu'il ou elle soit confondu(e), non en le ou la traitant d'ennemi, mais de frère (de sœur) à reprendre.[47]

Par ailleurs, la sagesse négro-africaine va dans le même sens et signifie à l'homme qu'il est nécessaire de travailler et de bien travailler, pour être en mesure de répondre aux impératifs aussi bien de sa vie que de celle de toute la communauté, sans laquelle il n'y a pas de vraie vie pour le muntu. Chez tous les peuples négro-africains, il existe pas mal de proverbes et dictons pour, non seulement stimuler tout homme au travail, mais aussi pour montrer le bien fondé du travail dans la vie d'un homme et de toute la communauté. Chez les baluba, par exemple, on ne cesse de répéter aussi bien aux enfants qu'aux adultes les dictons suivants: *"Mudimu ki tau, mudimu ki mau"* (entendez littéralement ceci: c'est le travail qui est père et qui est mère), pour faire comprendre à tous que celui qui ne travaille pas est comme un orphelin, qui n'a ni père ni mère, c'est-à-dire non seulement qu'il n'aura pas de vie (parce que c'est par les parents que le muntu reçoit des ancêtres la vie qui vient de Dieu), mais aussi qu'il n'aura rien et sera malheureux. On conseille aussi de ne pas remettre à demain le travail qu'on peut faire aujourd'hui et d'être concret dans le travail: *"Kuikadi kadima minu to"* (littéralement: ne sois pas un cultivateur en paroles, mais en actes) Les Bakongo disent: *"Luzingu ya mutu kisalu, kisalu kia mbote, kutubatuba ve, kopo ve."* (entendez littéralement ceci: la vie d'un homme, c'est le travail, un travail bien fait, et non le bavardage, non le verre). En d'autres termes, les Bakongo croient fermement que l'homme n'a de vie et de vraie vie que dans le travail, un travail bien fait, et non dans le bavardage, non dans la boisson, c'est-à-dire non dans le divertissement. Les Basonge, quant eux, constatent même que les paresseux sont d'ailleurs des grands gourmands: lents au travail et prêts et rapides au repas: *"Pakudima mbelambela, pakudia ntshiontshiontshio"* (entendez: très lent au travail et très heureux au repas). Les Bangala, toujours dans le but de stimuler au travail, se répètent souvent ce qui suit:

---

[45]2Th 3, 7-12.

[46]Cfr. 2Th 3, 6.

[47]Cfr. 2Th 3, 13-15.

"Otoki te, okozua lifuti te!" (littéralement: Sans suer, on n'a pas de salaire ou récompense). Les négro-africains croient fermement au fait que du travail et du comportement de chaque membre de la communauté dépend aussi le bien-être de la vie de toute la communauté. D'où toutes ces exhortations en faveur du travail, afin que la vie de la communauté soit épanouie. Celui qui ne travaille pas est considéré comme celui qui ne veut pas, non seulement de son bien-être, mais aussi du bien-être de la vie de la communauté. Il devient alors un grand danger aussi bien pour lui-même que pour toute la communauté; car, pour les négro-africains, la vie et la communauté sont des grandes valeurs à respecter, fructifier ou agrandir et à perpétrer par tous. Qui ne le ferait pas ne pourrait être heureux ni béni aussi bien dans la communauté des vivants sur la terre que dans celle du village des ancêtres. Car, il irait à l'encontre des lois et coutumes laissées par les ancêtres pour le bien de la vie de la communauté.

De tout ce qui précède, nous pouvons retenir que le travail (et un travail bien fait) est de très grand prix pour la vie d'un homme, non seulement parce qu'il révèle son humanité et lui permet de vivre dignement comme homme, en lui permettant de répondre à ses besoins et à ceux des siens, mais aussi parce qu'il réconforte sa position sociale et révèle l'authenticité de sa foi en Dieu et son obéissance à la volonté divine. Ce qui, pour aller dans la logique même de Jésus, fait de l'homme un fils de Dieu[48]et le fera entrer dans le royaume des cieux.[49]

Aussi demandons-nous à chacun et à chacune de nous de prendre au sérieux son travail, si petit soit-il, et de le faire de tout cœur, pour si pas éliminer, mais du moins réduire les souffrances dans nos vies. Il y a même un proverbe qui dit *"Il n'y a pas de saut métier, il n'y a que des sautes gens"*.

5. Cinquième source de malheurs dans la vie d'un homme: le manque de respect et d'obéissance envers les parents (les tuteurs, les anciens, les ainés).

Le respect et/ou l'obéissance envers les parents est de très grande importance pour la vie d'un homme, car c'est à cela que sont liées, comme en témoignent beaucoup de passages de la Bible, différentes promesses faites par Dieu, soit pour une longue et heureuse vie sur la terre, soit pour le pardon des péchés, soit pour une vieillesse tranquille, soit pour être facilement exaucé par Lui :

> *"Honore ton père et ta mère, comme te l'a commandé Yahvé ton Dieu, afin que se prolongent tes jours et que tu sois heureux sur la terre que Yahvé ton Dieu te donne".*[50]
> *"Enfants, écoutez-moi, je suis votre père, faites ce que je vous dis, afin d'être sauvés. (...) Celui qui honore son père expie ses fautes, celui qui glorifie sa mère est comme quelqu'un qui amasse un trésor. Celui qui honore son père trouvera de la joie dans ses enfants, au jour de sa prière il sera exaucé. Celui qui glorifie son père verra de longs jours, celui qui obéit au Seigneur donne*

[48]Cfr. Mt 12, 50; Mc 3, 35; Lc 8, 21.
[49]Cfr. Mt 7, 21.
[50]Dt 5, 16.

satisfaction à sa mère. Il sert ses parents comme son Seigneur. En actes comme en paroles honore ton père afin que la bénédiction te vienne de lui. Car la bénédiction d'un père affermit la maison de ses enfants, mais la malédiction d'une mère en détruit les fondations. Ne te glorifie pas du déshonneur de ton père: il n'y a pour toi aucune gloire au déshonneur de ton père. Car c'est la gloire d'un homme que l'honneur de son père et c'est une honte pour les enfants qu'une mère méprisée. Mon fils viens en aide à ton père dans sa vieillesse, ne lui fais pas de peine pendant sa vie. Même si son esprit faiblit, sois indulgent, ne le méprise pas, toi qui est en pleine force. Car une charité faite à un père ne sera pas oubliée, et, pour tes péchés, elle te vaudra réparation. Au jour de ton épreuve Dieu se souviendra de toi, comme glace au soleil, s'évanouiront tes péchés. Tel un blasphémateur, celui qui délaisse son père, un maudit du Seigneur, celui qui fait de la peine à sa mère".[51]

"De tout ton cœur honore ton père et n'oublie jamais ce qu'a souffert ta mère. Souviens-toi qu'ils t'ont donné le jour: que leur offriras-tu en échange de ce qu'ils ont fait pour toi?".[52]

"Enfants, obéissez à vos parents, dans le Seigneur : cela est juste. Honore ton père et ta mère, tel est le premier commandement auquel soit attachée une promesse : pour que tu t'en trouves bien et jouisses d'une longue vie sur la terre".[53]

De ce qui précède, nous pouvons retenir que pour jouir d'une longue et heureuse vie sur la terre, du pardon de ses péchés par Dieu ou de son aide en cas de difficultés, ainsi que d'une vieillesse tranquille, l'homme doit témoigner non seulement du respect et de l'obéissance envers ses parents (tous les parents) et leur venir en aide en cas de besoin. Et si beaucoup de nos frères et sœurs souffrent dans leurs vies, ça peut être aussi dû au manque d'obéissance, de respect et de charité envers les parents. Car la parole de Dieu, comme dit Jésus lui-même, ne peut pas passer en vain et sans effet.[54]

Devant les difficultés et les souffrances, il est donc conseillé de faire aussi un sérieux examen de conscience et revoir nos paroles et nos actes envers les parents, les anciens et les aînés, dans un esprit de prière bien entendu. Et si, après un tel examen, nous trouvons que nous avons été coupables, en paroles, par action ou par omission, n'hésitons jamais d'aller leur demander humblement pardon et bénédiction. Notre futur, notre bonheur et notre vie en dépendent aussi.[55] En plus, ayons toujours l'habitude de demander une bénédiction à nos parents : c'est vraiment important.

Pour notre pays et certains pays de l'Afrique, où ne cessent de naître de sectes ou groupes de prière et des "prophètes" spécialistes dans l'identification des sorciers et qui, pour la plupart des cas, trouvent ces sorciers surtout dans les plus faibles (pauvres, enfants, vieillards), il s'avère très nécessaire de rappeler que les parents, même devenus trop vieux, trop faibles, demeurent le canal par lequel Dieu préfère passer les bénédictions destinées aux enfants. Ne nous laissons donc pas facilement tromper par des faux prophètes qui, étant au service non de Dieu mais du diable, ne veulent pas

[51]Si 3, 1.3-16.
[52]Si 7, 27-28.
[53]Ep 6, 1-3.
[54]Cfr. Mt 5, 18.
[55]Cfr. Si 3, 9.

nous voir jouir des bénédictions que Dieu a prévues pour nous, chaque fois que nous savons témoigner du respect, de l'obéissance et de la charité envers les parents, les aînés et les anciens.

C'est aussi, pour nous ici, l'opportunité de souligner que les parents demeurent toujours parents : même si les enfants étudiaient plus qu'eux, devenaient plus puissants et plus riches qu'eux, ils doivent toujours se rappeler que pour une vie heureuse, longue et paisible sur cette terre, il leur faut respect, obéissance et charité envers les parents. Ils doivent donc savoir les écouter, car ils ont une expérience qui est très utile pour le bonheur des enfants. Un proverbe lingala dit, justement, à ce propos: *"Matoyi eleka-ka mutu te"* (littéralement : les oreilles ne dépassent jamais la tête), pour dire que les enfants, même devenus plus grands et plus puissants, ont toujours quelque chose à apprendre et à recevoir des parents. Aussi pour stimuler les enfants à prêter toujours écoute aux parents, un autre proverbe lingala dit-il : *"Munoko ya mokolo elumbaka solo, kasi maloba ekobimisaka eleki mafuta ya nzoyi na elengi"*(littéralement: la bouche d'un ancien ou d'un parent dégage une odeur nauséabonde, mais les paroles qu'elle sort goûtent mieux que le miel).

Dans toutes les langues africaines, nous trouverons ce genre des proverbes en grand nombre, parce que les ancêtres négro-africains étaient très convaincus que, pour les enfants, une vie longue et heureuse, d'abord sur cette terre et ensuite, après la mort, dans le village des ancêtres, dépend de l'obéissance et du respect aux anciens et aux parents, qui sont les témoins les plus proches des ancêtres, amis de Dieu. Aussi punissaient-ils sévèrement ou conseillaient-ils de punir sévèrement tout enfant qui, par des paroles ou des actes, manifesterait un manque de respect et d'obéissance aux anciens (parents et ainés). Un proverbe luba dit ceci par exemple: *"Muana wa kutuma, mmuana wakudia; kadi muana wa tshishiku, mmuana wa nzala"* (littérale- ment: un enfant obéissant mérite de manger, mais le désobéissant, lui, la privation).

C'est d'ailleurs la rigueur en cette matière qui pousse aussi l'abbé Nyeme à définir le monde négro-africain comme étant le "monde des ainés", un monde bien organisé, dont la hiérarchie *« est faite des chefs, des notables, des vieillards, des parents, des aînés, c'est-à-dire, de tous ceux qui sont, suivant l'idée de participation, les premiers intermédiaires et protecteurs du don par excellence du monde de l'invisible au monde du visible. Les ainés sont censés connaître mieux que quiconque les principes sociaux et moraux, garants de l'ordre au sein de la société et une logique chère à ces milieux traditionnels veut que ceux-là mêmes qui ont meilleure connaissance des lois sociales et morales soient ceux sur qui la société se montre exigeante quant à leur conduite. C'est ainsi que dans la vision du monde traditionnel, avoir une parcelle d'autorité, avoir l'âge, acquérir plus d'expériences et de connaissances, c'est être appelé tout particulièrement à devenir plus que jamais garant de l'ordre social et moral».*[56]

Par rapport à des personnes aussi considérées, on peut donc comprendre pourquoi la société traditionnelle négro-africaine exigeait, de la part des enfants, respect et

[56] NYEME TESE, « Morale africaine et Projet de société », in *Théologie Africaine. Bilan et Perspective. Actes de la Dix-Septième Semaine Théologique de Kinshasa* (2-8 avril 1989), p. 319.

obéissance et ne pouvait en aucun cas permettre une faille, si petite soit-elle, de leur part à l'égard de ces détenteurs des valeurs mêmes de la vie et du bonheur de la communauté toute entière. Mais il faut aussi souligner que la société négro-africaine était et demeure encore très exigeante envers ces aînés, qui doivent, pour le bien et la survie de toute la communauté, demeurer des modèles pour les enfants et les plus jeunes.

Voilà qui nous conduit justement à la sixième source des malheurs dans la vie d'un homme ; source qui, à voir le nombre de plus en plus croissant des enfants dits de la rue dans nos différentes villes africaines, semble être à la base de beaucoup des malheurs que plusieurs de nos frères et sœurs connaissent dans leurs vies. Car, comme nous allons le voir ci-bas, on ne peut pas abandonner ses enfants ou les scandaliser, et rester impuni.

6. Sixième source de malheurs dans la vie d'un homme: abandon ou négligence de ses responsabilités vis-à-vis de ses enfants ou de ceux dont on est tuteur, la scandalisation des enfants.

Ici, il faut commencer par dire qu'aucun enfant n'a jamais demandé à ses parents de le mettre au monde, mais ce sont plutôt les parents qui, après analyse des conditions et moyens(c'est ce qui devrait en principe se faire dans tous les cas) se mettent d'accord et prennent la décision de mettre au monde leur enfant.

Dans cette perspective, ceux qui se décident de mettre au monde devraient faire vraiment la différence entre eux et des bêtes ou entre eux et des reptiles comme le serpent (qui ne se préoccupe pas de ce que seront ses petits; dès qu'il a déjà pondu ses oeufs, c'est fini, il les abandonne et ne se préoccupe plus ni de l'éclosion ni de ce que seront les petits); ils doivent être ceux-là qui ont très bien évalué leur situation et pris, en connaissance des causes, **la grave décision** de mettre au monde, non un animal ou une chose, mais un être humain. Aussi doivent-ils, avant de penser à mettre au monde, se rassurer d'abord qu'ils seront en mesure de très bien porter la charge de l'enfant qu'ils auront.

Permettez-moi de faire allusion ici à certains exemples tristes, mais qui, malheureusement, reviennent souvent dans nos milieux de vie. En effet, certains de nos frères et sœurs ne se gênent pas de mettre au monde chaque année et de continuer à mettre au monde, même quand ils ont déjà des petits enfants; certaines mamans, sans même le moindre gêne, se retrouvent ainsi à la maternité avec leurs propres filles venues aussi mettre au monde. Cela frise le ridicule, et c'est un comportement à éviter absolument!
Il y en a aussi qui ne commencent à se préparer que quand la future maman est déjà à la maternité pour l'accouchement, certains allant jusqu'à manquer même les frais de maternité ou les habits et les nécessaires pour le bébé et pour la future maman. Aussi commencent-ils à recourir çà et là, à mendier, à chercher à qui donner le nom pour

espérer trouver de sa part un soutien, à chercher à vendre en ce moment-là seulement certains de leurs biens, etc. Non, s'il vous plaît, la maternité se prépare avant même la conception. Il en est de même du nom à donner au bébé à naître; ce n'est pas après la naissance ou quand la maman est déjà à la maternité qu'il faut commencer à imaginer et à chercher à qui donner le nom. La Bible nous révèle, à plusieurs reprises, que c'est bien avant et non après la conception, qu'il faut trouver le nom et le pourquoi du nom à donner à l'enfant.[57]
Et ici, il faut vite souligner aussi le fait que, dès le premier moment de sa conception, l'enfant (même encore comme fœtus) est déjà un être humain et a des droits qu'il faut absolument respecter. Aussi ceux qui se permettent d'avorter ne doivent-ils pas perdre de vue que, en avortant, ils commettent un meurtre, ils se souillent gravement avec le sang humain et, pour ce, ils en répondront un jour, tôt ou tard.[58] Quitte à eux de trouver viter un directeur spirituel avec qui échanger pour savoir comment procéder pour obtenir le pardon de notre Dieu, de se repentir vite, de confesser leur péché et de ne plus jamais, et alors jamais, y revenir.

Par ailleurs, et toujours par souci de nous montrer combien il est important et nécessaire de prendre au sérieux les responsabilités envers les enfants (et tous ceux qui dépendent de nous), le Seigneur Jésus va non seulement s'identifier à eux[59] et interpeller ceux qui veulent les empêcher d'aller vers Lui[60], mais aussi les présenter à la fois comme des modèles qu'il faut absolument imiter pour pouvoir hériter le Royaume des cieux[61] et comme ceux dont leurs anges protecteurs se tiennent toujours en présence de Dieu.[62]

En rapport donc à des telles personnes – qui aux yeux des hommes semblent très fragiles et dépendantes, alors qu'aux yeux de Dieu sont si importantes que, sans les imiter et les aider, nous nous éloignerions facilement de Dieu et de son royaume – un comportement responsable et charitable est vraiment de mise. Aussi Jésus devient-il même très sévère envers tous ceux qui négligeraient leurs responsabilités envers les enfants ou qui les scandaliseraient :

"Quiconque accueille un petit enfant tel que lui à cause de mon nom, c'est moi qu'il accueille. Mais si quelqu'un doit scandaliser l'un de ces petits qui croient en moi, il serait préférable pour lui de se voir suspendre autour du cou une de ces meules que tournent les ânes et d'être jeté en pleine mer. Malheur au monde à cause des scandales!".[63]

Imaginons un peu la situation pénible et dramatique d'un homme ligoté, avec une grosse pierre au cou, et jeté dans la mer. Et, selon notre Seigneur, la situation d'un tel est encore préférable par rapport à celle que connaîtra tout celui qui négligerait ses

---

[57]Cfr. Lc 1, 13-17. 30-33; Mt 1, 18-23; Jg 13.
[58]Cfr. Gn 4, 10-12; Dt 5, 17; Mt 26, 52.
[59]Cfr. Mt 18, 5; Mc 9, 37; Lc 9, 48.
[60]Cfr. Mt 19, 13-15; Mc 10, 13-16; Lc 18, 15-17.
[61]Cfr. Mt 18, 1-4; Mc 9, 33-36; Lc 9, 46-47.
[62]Cfr. Mt 18, 10.
[63]Mt 18, 6-7a.

responsabilités vis-à-vis de ses enfants ou qui les scandaliserait. C'est dire donc, à en croire Jésus, que c'est la pire des situations néfastes qui l'atteindra. Aussi, dans l'Evangile selon saint Luc, le Seigneur Jésus précise-t-il et avertit-il :

"Il est impossible que les scandales n'arrivent pas, mais malheur à celui par qui ils arrivent! Mieux vaudrait pour lui se voir passer autour du cou une pierre à moudre et être jeté à la mer que de scandaliser un seul de ces petits. Prenez garde à vous !".[64]

Si donc nous voulons vraiment échapper à toutes les conséquences néfastes ci-haut mentionnées et décrites, suivons scrupuleusement les conseils de Jésus (le Fils de Dieu, la pleine révélation de Dieu et de sa volonté, le Chemin, la Vérité et la Vie) et prenons vraiment bien garde à nous par rapport aux enfants et à tous ceux qui dépendent de nous.

Ouvrons à ce niveau une parenthèse au sujet du pouvoir que les parents ont sur leurs enfants, mais qu'ils ignorent ou qu'ils utilisent très mal, sans le savoir. En effet, il faut d'emblée retenir que les parents sont vraiment l'image vivante de Dieu dans la vie de leurs enfants. Et, autant que Dieu a tout créé avec sa parole, autant les parents aussi, avec leurs paroles, peuvent-ils tout créer (malheur ou bonheur) dans la vie de leurs enfants. D'où la nécessité, pour les parents qui veulent du bien à la vie de leurs enfants, de contrôler leurs paroles en s'adressant aux enfants, d'éviter envers ces derniers toute mauvaise parole et de ne leur adresser que des paroles de bénédiction. Et même quand ils ont mal agi ou mal parlé et qu'ils les ont énervés, il faut toujours savoir comment leur parler et quelles paroles utiliser. **Chers parents, vos paroles ont un effet sur la vie et le futur de vos enfants**: il faut tenir compte de ce pouvoir que vos paroles ont sur la vie de vos enfants et savoir, de ce fait, qu'est-ce qu'il faut leur dire, même quand vous êtes fachés. Ne permettez pas au Malin d'utiliser abusivement votre pouvoir pour faire du mal à vos propres enfants. Il peut vous arriver de mal parler, sans le savoir ou le vouloir, ou encore sous la colère. Mais quand vous vous ressaisissez, je vous en supplie, demandez-leur pardon, demandez aussi pardon à Dieu et dites aussitôt des paroles de pardon et de bénédiction sur les enfants. Je vais même plus loin : pourquoi ne pourriez-vous pas, par exemple, dire chaque matin et chaque soir des paroles de bénédiction pour vos enfants? Vous avez le pouvoir de changer la vie de vos enfants, alors utilisez-le et utilisez-le positivement. En plus, priez toujours ensemble en famille, pour non seulement éduquer les enfants à la prière, mais aussi les bénir et les laisser entre les mains de Jésus qui, chaque fois que nous prions ensemble, est présent au milieu de nous.[65]

Toujours en rapport avec les enfants, il y a aussi un élément important à considérer: c'est de savoir quand faut-il commencer leur éducation?, quel est le moment opportun pour mieux éduquer et prodiguer des conseils aux enfants? A ce sujet, retenons d'abord que la bonne éducation de l'enfant commence déjà dès le sein de sa mère. En effet, dès le sein de sa mère, l'enfant est déjà, comme nous l'avons souligné plus haut, un être humain; il comprend et entend tout. C'est pourquoi, par exemple, les situations que

---

[64]Lc 17, 1-3.
[65]Mt 18, 20.

connaissent ses parents (et surtout sa maman) ont beaucoup d'effets sur sa vie et son futur en ce monde. D'où la nécessité de commencer à tenir déjà et toujours compte de lui, bien qu'il ne soit encore que dans le sein de sa mère ou qu'il ne soit encore qu'un fœtus.

A ce sujet, justement, je donne cet exemple d'une fillette qui ne supportait jamais son père. Chaque fois que celui-ci s'approchait d'elle ou voulait la porter, celle-ci pleurait et paniquait de façon étonnante. Et un jour, les parents, sur conseil du prêtre, se décidèrent d'aller consulter un psychiatre. Après des séances d'échange avec les parents, le psychiatre découvrit finalement la raison pour laquelle chaque fois que le père de l'enfant voulait s'approcher de sa fille ou la porter, cette dernière paniquait et poussait des cris de détresse et de grande peur. La raison était que le père de l'enfant disait toujours à sa femme, avant même que cette dernière ne puisse concevoir et même quand elle l'avait déjà fait, qu'il ne voulait jamais avoir dans sa vie une fille comme enfant. Malheureusement pour lui, après consultation prénatale et même quand l'enfant est né, c'était une fille. Et l'enfant qui écoutait toujours ce discours de haine et de refus, dès le sein de sa mère déjà, ne pouvait pas croire qu'un tel puisse lui vouloir du bien un jour. Voilà pourquoi, à chaque fois que ce “bourreau”(qui se veut maintenant papa) s'approchait d'elle, elle ne pouvait que paniquer et crier au secours. Le psychiatre lui demanda alors de redire régulièrement des paroles de demande de pardon et celles de grande affection, pour essayer de remédier à la situation. Et, avec l'aide du prêtre qui les accompagnait aussi de ses conseils et prières, Dieu merci pour eux!, après un peu plus d'un mois de cette pratique, l'enfant avait commencé à le supporter. C'est dire, en d'autres termes, qu'il est toujours très important de tenir compte de l'enfant, même quand il n'est encore que dans le sein de sa mère.

A ce niveau aussi, je voudrais encore demander à tous ceux qui avortent de s'imaginer un peu ce que pensent ces petits qui apprennent que leurs parents veulent les éliminer, avant même qu'ils ne soient nés. Ils sont déjà très tristes, très étonnés négativement et très paniqués, avant mêmes qu'ils soient tués, parce qu'ils ont écouté leurs parents formuler ce projet macabre de les éliminer. Donc, avant même que ces parents ne passent à la réalisation de leur projet diabolique de les éliminer, ces enfants sont déjà morts de peur et de tristesse : ils meurent en pleurant et en criant au secours, mais malheureusement, en ce moment-là, personne d'autre n'écoute leurs cris de dé- tresse si ce n'est Dieu lui-même, qui voit même dans le secret. Et le jour de leur mort aussi, ces parents trouveront les esprits de ces enfants qui les attendent devant Dieu pour témoigner contre eux. Voilà pourquoi je reviens sur la demande que j'ai faite plus haut à ceux et celles qui ont déjà fait, conseillé ou encouragé l'avortement dans leur vie, **de ne plus jamais le faire, de se préparer spirituellement et d'aller, dès la lecture de ce passage, trouver un prêtre pour confesser leur mal et implorer, ensemble avec ce dernier, les grâces du pardon et de la conversion de la part de notre Dieu, au nom de Jésus le Christ. C'est l'unique opportunité qui leur reste pour obtenir le pardon de ce péché mortel.**[66]

[66]Cfr. Jn 20, 22-23.

Le pape François insiste, lui aussi, sur la nécessité du respect de la vie humaine lorsque – lors du Regina Caeli du dimanche 19 avril 2015, s'adressant aux participants de la "*Marche pour la sacralité de la vie*" à Varsovie – il encourage tous à défendre et promouvoir toujours la vie humaine qui, selon lui – et toute la doctrine de l'Eglise d'ailleurs – est très sacrée dès ses premiers instants.[67]

Ensuite, pour ce qui est du moment adéquat pour prodiguer des conseils aux enfants, ajoutons aussi qu'il ne faudra pas attendre seulement quand les enfants ont failli pour pouvoir les conseiller. En ce moment-là, d'ailleurs, soit ils n'écouteraient pas bien, soit que les parents, parce que fâchés, utiliseraient des paroles qui, au lieu d'aider, détruiraient et décourageraient davantage. Pour éviter tout cela, les parents doivent avoir l'habitude de prodiguer des conseils aux enfants quand tout est normal et paisible, quand tous (parents et enfants) sont dans une situation tranquille, quand il n'y a pas de problème. En effet, c'est en ce moment là que les enfants sont les mieux disposés à écouter et retenir des conseils, et les parents, parce que non mûs par la colère ou la déception ou la fureur, peuvent facilement trouver des termes adéquats, qui pourront facilement interpeller les enfants. Et, comme nous l'avons déjà dit aussi ci-haut, il est toujours important, avant un tel entretien, de se confier au préalable au Seigneur, dans une prière, pour lui demander, non seulement son Esprit de sagesse dans le parler, mais aussi la disponibilité et l'esprit d'écoute. C'est quand on fait ce genre d'entretien, sans s'être préalablement préparé dans une prière, que l'on échoue souvent. Car, sans le Seigneur et son aide, nous ne pouvons rien de bon.

Dans son homélie du 17 avril 2015, le Pape François ne recommande-t-il pas de prendre du temps et de ne jamais réagir sous la fureur. En effet, partant de la première lecture, tirée des Actes des Apôtres, dans laquelle le pharisien Gamaliel conseille aux docteurs de la loi et membres du Sanhédrin qui, sous la grande fureur, voulaient réagir et faire du mal aux apôtres, de prendre du temps , de ne pas réagir.

"Il faut savoir prendre du temps, ne pas laisser grandir sa haine dans les moments où l'on a des mauvaises pensées et des mauvais sentiments contre les autres. Le temps, a expliqué le saint père, met les choses en harmonie et nous fait voir de bonnes choses. Mais si vous réagissez au moment de fureur, bien sûr que vous serez injustes... Ceci est un conseil: le temps, le temps au moment de la tentation. Dans les moments de fureur, arrêtons-nous et laissons de l'Espace à l'Esprit Saint".[68]

Voilà qui rejoint de façon merveilleuse ce que nous venions de dire. Et si ces conseils du pape valent pour tous les hommes, nous devons souligner qu'ils le sont davantage pour les parents, dont les paroles ont un effet sur la vie et le futur de leurs enfants. Ils doivent apprendre à prendre du temps, à ne pas réagir et ne pas parler aux enfants quand ils sont sous la fureur ou sous la colère, mais patienter et prier, pour laisser à l'Esprit Saint le temps de faire son travail aussi bien en eux-mêmes qu'auprès des enfants.

Et au sujet de la responsabilité que les parents ont pour l'éducation et la vie de leurs

[67]Cfr. Zenit.org , "Le pape François exhorte à défendre la vie humaine", Rome, 19 avril 2015.

[68]Cfr. Zenit.org, Pape François, "Ne pas réagir dans un moment de fureur, pour ne pas être injuste", Homélie du vendredi 17 avril 2015, à la Maison Sainte-Marthe.

enfants, la culture africaine y veille beaucoup et, par le biais de beaucoup de dictons, proverbes et contes ou fables, elle ne cesse de stimuler les parents, les tuteurs et les aînés à s'y impliquer de tout cœur. Nous avons vu ci-haut qu'il en va de leur dignité, de celle des ancêtres et de toute la communauté. Chez les Baluba, par exemple, on ne cesse de répéter aux parents ce dicton: *"Kuatshila muana mpasu; pakolayi, ne aku-kuatshila peba."*(littéralement: "chasse des sauterelles pour l'enfant; quand il grandira il le fera aussi pour toi"). Les Bangala rappellent souvent à ceux qui veulent se marier et avoir des enfants qu'il est bon d'avoir des enfants, mais exigent de les éléver: *"Kobota elengi, kasi kobokola pasi".*

Ces dictons et proverbes négro-africains montrent donc clairement qu'un parent qui veut être heureux jusque dans sa vieillesse doit s'occuper de l'éducation de ses enfants. D'où la nécessité aussi de ne pas exagérer dans la mise au monde des enfants et ne pas en avoir au-delà de ses possibilités.

7. Septième source de malheurs dans la vie d'un homme : vouloir vivre au-dessus de ses moyens et/ou prendre beaucoup d'engagements.

Vouloir vivre au-dessus de ses moyens et prendre beaucoup d'engagements dans la vie sont aussi, comme nous le révèlent la sagesse de nos ancêtres et même la parole de Dieu, une des grandes sources des malheurs dans la vie de beaucoup de nos frères et sœurs. En effet, certains proverbes reviennent suffisamment là-dessus et nous démontrent que tout celui ou toute celle qui, dans sa vie, voudra vivre au-dessus de ses moyens (soit pour imiter les autres, soit pour se faire valoir et se montrer plus grand, plus fort et plus riche que ce qu'il est), rencontrera toujours beaucoup de difficultés. Il en est de même de tout celui ou de toute celle qui prendra beaucoup d'engagements, sans tenir compte de ses moyens et de ses capacités.

Essayons ici de retenir quelques proverbes africains qui sont très explicites là dessus. C'est le cas de certains proverbes luba comme: "*Badiadia badiadia, wakafuisha bayenda muitu*" (pour dire qu'une femme mariée qui, en voulant imiter les autres qui mangent et s'habillent mieux qu'elle, devenant pour ce trop exigeante envers son mai, poussera ce dernier jusqu'à commettre même des bévues et, ce faisant, risquerait ainsi de faire mourir ce dernier même dans la forêt, loin des gens); "*Kunangidi mu- vuala vuala lubuta, wavua kuvuala tshieba tshidimu*" (pour dire: en voyant lubuta, cet oiseau aux plumes très embellies, ne cherche pas tout de suite à être comme lui; ton temps viendra); *"Nshindi wa nzala, wakabula bibidi"* (pour dire: contente-toi de ce que tu as et ne fais pas comme cette écureille envieuse, qui avait tout perdu, parce que, désirant la noix qui n'était que le reflet sur la rivière de celle qu'elle tenait déjà dans sa guêle, elle lâcha tomber dans la rivière la noix qu'elle tenait, dans l'espoir de récupérer celle reflétée par l'eau de la rivière et qui lui paraissait plus belle. Et après avoir lâché celle qu'elle tenait déjà, elle se retrouva bredouille, perdant ainsi toutes les deux noix, parce que la noix reflétée par l'eau avait disparue ensemble avec celle vraie qu'elle venait de lâcher). Il faudra donc apprendre à se contenter de ce qu'on a, plutôt que d'envier ce qu'on n'a pas ou qu'on ne peut pas avoir.

Il en est de même aussi de certains proverbes tétera comme: " Mboloko ate : teedikake seke l'ote" (pour dire, en faisant parler la gazelle : "madame la gazelle nous conseille de ne porter que des cornes proportionnées à nos têtes"), car en prenant celles plus grandes et plus plaisantes, nous risquerions de ne pas arriver à la destination.

Il y a aussi certains proverbes lingala qui vont dans le même sens : *"Liboke ya moninga, basombelaka yango kuanga te"*(pour dire qu'il ne faut jamais, pour ne pas être deçu, faire des calculs sur un bien ou un don à recevoir d'un autre, soit-il un ami); *"Soso amelaka eloko oyo ekokani na mongongo naye*"(littéralement: "la poule n'avale que ce qui convient à sa gorge", pour dire qu'il est préférable, pour mieux vivre dans ce monde, de tenir toujours compte de ses capacités).

Tous ces proverbes nous enseignent à suffisance, non seulement qu'il est dangereux et imprudent de vouloir – en voyant les autres manger, boire, s'habiller et avoir des biens – être tout de suite comme eux, mais aussi de prendre des engagements qui nous dépassent, en comptant uniquement sur l'aide potentielle des autres. Beaucoup de nos frères et sœurs, en effet, souffrent parce qu'ils veulent vivre, avoir et être comme les autres, même s'ils n'ont pas les mêmes moyens que ces derniers. Si les autres sont ce qu'ils sont ou ont tout ce qu'ils possèdent et que nous nous n'avons pas, nous ne savons pas comment ils y sont parvenus, quels sont les moyens ils ont utilisés, quel temps ils ont mis pour en arriver là. Cela étant, nous ne pouvons donc pas vouloir être tout de suite comme eux. Nous risquerions de nous faire des problèmes inutilement, alors que ceux que nous envions ainsi souffrent peut-être secrètement. Car, même s'il serait injuste et faux, de notre part, de généraliser et affirmer que tous ceux qui ont, qui sont ou qui vivent plus que nous souffrent secrètement et sont parvenus à ce niveau-là de façon malhonnête, il serait aussi invraisemblable de croire que tous seraient idoines, auraient tout cela de façon honnête et vivraient conscience tranquille. Il y en a qui, après beaucoup d'efforts et de sacrifices sont arrivés là où ils sont; à ceux-là, tout en les félicitant, nous leur demandons de ne jamais oublier d'être attentifs à ceux qui n'ont rien et en qui Jésus le Christ s'identifie et en rapport de qui nous jugera.[69] Il y en a aussi qui sont tels pour avoir soit hérité soit reçu des cadeaux; à eux aussi nous disons la même chose qu'aux premiers. Mais il y en aussi qui sont arrivés là parce qu'ayant combiné beaucoup de choses nauséabondes et fait des pactes même avec le diable, allant jusqu'à sacrifier des vies humaines; à ces derniers, nous implorons de se convertir et d'aller vite trouver un prêtre pour confesser leur mal et obtenir ainsi, du Seigneur notre Dieu, les grâces du pardon et de la conversion.

Comme on peut le remarquer, en voulant tout de suite être, avoir et vivre comme les autres, beaucoup de nos frères et sœurs se mettent souvent dans des situations difficiles et dangereuses, beaucoup tombent dans le filet du diable et se perdent. Savez-vous que certains de ceux que nous voyons si nantis ont soit volé ou détourné des biens d'autrui

---

[69]Cfr. Mt 25, 31-46.

ou des biens communautaires, soit sacrifié, qui des parents, qui la femme ou le mari, qui des enfants, qui certaines de leurs années de vie sur terre et que d'autres, en les voyant rouler dans des grosses voitures, pensent que ce sont seulement des véhicules, alors que ce sont des personnes humaines qu'ils ont sacrifiées? Il y en a qui, tout en ayant tout ce que nous les voyons avec, ont reçu comme condition, par exemple, de ne jamais jouir de son argent en s'achetant soi-même quelque chose avec son propre argent, ou de ne pas dormir la nuit, ou de ne jamais manger tel ou tel autre aliment, de ne pas boire telle ou telle boisson, de ne pas faire des rapports sexuels avec son conjoint ou sa conjointe, ou de les faire avec la personne du même sexe, avec un parent, avec son propre enfant, avec un animal, avec un revenant, de manger de la merde ou boire des urines, etc.

Ouvrons à ce niveau une autre parenthèse, pour raconter une histoire vécue et qui nous a été relatée lors d'une prière de délivrance: Un frère nous avoua, lors de sa délivrance, qu'il avait cherché sa fortune chez un marabou, qui lui avait dit qu'il n'y avait pour cela qu'une condition: chaque jour la nuit à 3 heures précises du matin, aller plonger sa tête, pendant 1 heure, dans le trou du WC (toilette) qu'il allait creuser pour ses travailleurs et y réciter une cantation maudissant tous les utilisateurs dudit WC. Ainsi, tous ceux qui se soulageraient dans ce WC lâcheraient leur chance que lui aspirerait par ce geste-là. En sortant de là, une fois dans sa chambre, il trouverait beaucoup de billets verts. Ainsi dit, ainsi fait. Et chaque fois que le monsieur fessait cette cérémonie, il trouvait effectivement beaucoup d'argents dans sa chambre; mais à quel prix? Au prix des maladies et des difficultés dans les familles de ses travailleurs et de tous ceux qui se soulageaient dans ce WC.

La deuxième condition, lui aurait ajouté subtilement le fameux marabou, c'est qu'il ne devait jamais aider les victimes avec cet argent; dans le cas contraire, il risquerait la folie ou la mort.

Mais une nuit, une de ses sentinelles qui avait déjà suspecté le mouvement, se décida de suivre en cachette tout ce que son patron faisait et fut étonnée non seulement de ce qu'elle avait vu, mais aussi de ce qu'elle avait entendu de son patron, pendant la fameuse incantation. Il se décida alors de se dévoiler et d'avouer au patron qu'il avait tout vu et tout entendu. Le patron l'obligea de taire le secret et lui donna, par peur d'être dévoilé, beaucoup de cet argent à problème, oubliant ainsi la seconde condition qui était de ne jamais aider les victimes avec cet argent. Ce qui lui coûta des menaces de mort de la part de son marabou et de ses esprits. Heureusement pour lui, il eût l'idée de recourir au Seigneur (par le biais du prêtre), de confesser son mal, de demander pardon et de prendre la résolution, toujours avec l'aide du prêtre, de faire des grands dons à toutes les personnes endommagées par ses pratiques. Ce monsieur est devenu un grand témoin de la miséricorde de Dieu, se sacrifiant de tout cœur pour venir au secours des malheureux qu'il rencontre.

Après plusieurs cas de ce genre, nous nous sommes rendus finalement compte d'une des méthodes que le diable (pour tous ceux ou toutes celles qui recourent au pacte avec lui pour avoir des richesses de ce monde) utilise souvent et que nous avons appelé **“cercle vicieux démoniaque”.** En effet, tous ceux et toutes celles qui, par le biais du féticheur, du devin, du marabou ou du "prophète" et/ou "prophétesse"[70], recourent au diable pour avoir les biens de ce monde, doivent savoir que lorsqu'on entre chez le diable, on n'en sort jamais indemne (tel qu'on y est entré), mais on y laisse toujours quelque chose de soi. Exemple, si vous y allez pour avoir l'argent, vous sortirez de là avec quelque chose de moins de votre vie ou de la vie de ceux ou de celles qui vous sont proches (santé, vie, réussite au travail ou en classe, vie paisible en fa- mille, au travail ou en classe, etc.), de sorte que vous soyez toujours obligés de retourner vers lui. Vous entrerez ainsi dans son cercle vicieux, dont la finalité sera sans nul doute votre propre mort. En effet, les esprits avec lesquels le diable travaille ne sont saturés et ne s'apaisent qu'avec le sang de celui ou de celle qui était allé les cher- cher le premier ou la première.

C'est dire, en d'autres termes, qu'il y a beaucoup de choses que nous ignorons, envoyant les autres vivre, apparemment mieux que nous. Par conséquent, apprenons à ne pas envier inutilement et vouloir vivre au-dessus de nos moyens; apprenons à nous contenter de ce que nous sommes, du peu que nous avons. Nous pourrons ainsi garder notre conscience tranquille, dormir paisiblement, vivre en paix avec notre famille, des amis et avec tout le monde. Notre vie ici sur terre n'est qu'un passage. Nous pouvons même avoir tout l'or du monde, mais quand le Seigneur jugera opportun de nous appeler, tout cela restera, parce que personne ne pourra emporter quelque chose de ce monde quand ce moment viendra (Cfr. ce riche dont nous parle Jésus dans la parabole racontée par Lc 12, 16-21).

Aussi pouvons-nous alors nous demander : pourquoi se faire autant de soucis et aller

---

70 Il faut vite souligner ici que depuis une certaine période, pour avoir facilement beaucoup de personnes dans ses filets, le diable a déjà recommandé à ses acolytes l'usage des titres attrayants comme "prophète" et/ou "prophétesse", "apôtre" ou encore "envoyé de dieu". Pour nous en rendre compte, observons attentivement dans notre société, nous nous rendrons compte que les magiciens, les féticheurs et les devins qui, autre fois, se faisaient toujours voir en public (par des signes étonnants et des "miracles") ne se font plus voir comme tels. Ont-ils disparu? N'existent-ils plus? Si, ils existent bel et bien, mais ils ont seulement changé des stratégies et surtout des titres. En effet, sur ordre du prince des démons, ils se présentent et se font appeler désormais "prophètes", "apôtres", "envoyés de dieu", etc., juste pour attirer facilement les plus naïfs. Aussi beaucoup de nos frères et soeurs se laissent-ils avoir et ne se retrouvent que trop tard, déjà dans le filet, dans le cercle vicieux démoniaque, d'où beaucoup ne s'en sortent pas et se voient obligés de faire parfois des choses qu'ils n'auraient jamais imaginées de faire dans leur vie.

Voilà pourquoi, au nom de notre Seigneur Jésus le Christ, je vous supplie de ne pas vous laisser tromper. Les biens de ce monde, que nous laisserons un jour, ne doivent s'obtenir, selon la volonté de Dieu, que par le travail, la prière, les bonnes relations avec ses prochains, l'héritage et certains cadeaux. Ceux qui s'obtiennent par des pactes et des cérémonies chez les féticheurs dévins, magiciens et marabous, devenus "prophètes", "apôtres", "envoyés de dieu" sont dangereux et toujours au prix d'un sacrifice humain, dont l'ultime sera le sacrifice de celui ou de celle qui était allé faire cette alliance avec le Malin, le prince des démons.

Cela étant, nous demandons à tout le monde, au nom de notre Seigneur Jésus, de se contente de ce qu'il est et de ce qu'il a, de se confier au Seigneur qui n'abandonne jamais ceux et celles

jusqu'à faire des pactes avec le diable, sacrifiant même des vies humaines, pour des choses que nous laisserons un jour? Pourquoi s'accrocher à des tels biens et être si avares envers les plus démunis (que nous), alors qu'un jour nous serons obligés de tout laisser? Il est certes vrai que nous ne pouvons vivre mieux comme êtres humains qu'en ayant aussi des biens de ce monde, mais nous ne devons pas perdre de vue que nous laisserons tout ici sur terre et que notre jugement final dépendra grandement, comme nous allons le voir ci-bas, de ce que nous aurions fait aux nécessiteux.

Toujours dans la même perspective, Saint Jacques nous dévoile que si nos relations interpersonnelles se brouillent toujours jusqu'à nous haïr, nous faire du mal et nous entretuer, c'est parce que nous nous laissons souvent guider par l'envie et la jalousie en rapport avec les biens de ce monde que les autres ont plus que nous et que, même en les ayant nous aussi, nous ne cherchons qu'à satisfaire nos désirs égoïstes au détriment des autres[71]. On comprend alors pourquoi, à plusieurs reprises, le Seigneur Jésus n'a cessé de nous conseiller et de nous inviter, non seulement à la sagesse, au détachement et à la prudence vis-à-vis des biens de ce monde, mais aussi à la charité envers les autres, quand nous avons plus qu'eux; car, selon Lui, s'il est vrai que nous quitterons un jour tous ces biens, il est aussi vrai que le jugement de Dieu sur nous ce jour-là tiendra compte de la façon dont nous nous serions comportés envers les autres avec les biens que nous avons pu avoir sur la terre[72]. Voilà qui nous conduit tout droit vers la huitième source des malheurs dans la vie d'un homme, à savoir : l'indifférence envers les frères et les sœurs qui sont dans le besoin; le refus d'aider les autres quand nous en sommes capables et avons des moyens.

8. Huitième source de malheurs dans la vie de l'homme : l'indifférence envers nos frères et sœurs qui sont dans le besoin et/ou le refus de les aider.

Ici aussi, le Seigneur Jésus – pour nous faire comprendre les conséquences combien néfastes qui découleraient de notre refus d'aider nos frères et sœurs qui sont dans le besoin ou de notre indifférence à leur égard, le Seigneur Jésus – , comme il l'a fait pour ses envoyés et pour les enfants, non seulement s'identifie à eux, mais aussi, par plusieurs paraboles, nous rappelle que notre jugement dernier et notre accès dans le Royaume éternel de son Père dépendront grandement de ce que nous aurions fait pour nos frères et sœurs qui sont dans le besoin.
En effet, selon notre Seigneur, tout homme ou toute femme qui est dans le besoin le représente lui et, de ce fait, aider un tel ou une telle, c'est aider Jésus lui-même; et ne

---

[71] qui se confient en Lui, de travailler avec détermination et être en bons termes avec tout le monde, pour pouvoir trouver facilement du secours lors de la détresse. Ne nous faisons pas des problèmes inutiles pour ce que nous n'avons pas encore ou ne pouvons pas encore trouver; n'envions pas ceux qui ont plus que nous, car vous ne savons ni comment ils vivent ni comment ils ont eu ce que nous voyons.

[72] Cfr. Lc 12, 16-21. 23-31. 33-34; 16, 9-13. 19-30; 18, 18-27; Mc 10, 17-27; Mt 6, 19-21. 25-34; 25, 31-46.

pas l'aider, c'est aussi ne pas aider Jésus lui-même. Aussi le jugement qui nous fera entrer ou non dans le royaume en dépendra-t-il grandement. C'est ce qui ressort des différentes paraboles suivantes racontées par Jésus lui-même:

- "*la parabole du jugement dernier*"[73], dans laquelle le Seigneur – répondant à ceux qui, tout en étant indifférents à l'égard de leurs frères et sœurs qui étaient dans le besoin, prétendraient de n'avoir pas vu le Seigneur dans le besoin pour pouvoir l'aider – dira sans embrage : *"En vérité je vous le dis, dans la mesure où vous ne l'avez pas fait à l'un de ces plus petits, à moi non plus vous ne l'avez pas fait"*[74].

- *"la parabole du mauvais riche et le pauvre Lazare"*[75], dans laquelle le Seigneur nous fait voir que c'est dès ici sur terre qu'il faut préparer notre au-delà, surtout en étant attentif et généreux envers nos frères et sœurs qui souffrent et qui ont vraiment besoin de nous. Après la mort, ça serait déjà trop tard, notre sort serait déjà déterminé par ce que nous aurions fait ou pas sur terre pour ces nécessiteux. Il faut aider ici et maintenant, ne plus attendre pour aider les nécessiteux.

- *"la parabole du bon samaritain"*[76], dans laquelle le Seigneur Jésus nous rappelle que, pour plaire à son Père et hériter de son royaume éternel, il ne suffit pas d'être un tel ou une telle, de porter tel ou tel autre vêtement, de remplir tel ou tel autre rituel, de crier, de chanter et de prier, mais aussi et surtout de reconnaître le Seigneur dans tout homme ou toute femme qui souffre et de lui être un vrai prochain, c'est-à-dire de lui venir concrètement en aide.

De toutes ces paraboles, nous pouvons comprendre pourquoi le Seigneur Jésus fait de l'amour du prochain, non seulement la deuxième partie du plus grand des commandements reçus de Dieu et qui résume toute la loi et tous les prophètes, mais aussi son commandement nouveau et la caractéristique principale de ses disciples authentiques[77]:

> *"Le premier de tous les commandements, répondit Jésus, c'est : Ecoute, Israël, le Seigneur notre Dieu est l'unique Seigneur, et tu aimeras le Seigneur ton Dieu de tout ton cœur, de toute ton âme, de tout ton esprit et de toute ta force. Voici le second : Tu aimeras ton prochain comme toi-même. Il n'y a pas de commandement plus grand que ceux-là."*[78].

Persuadé de la pertinence de cette réponse, le scribe qui avait posé la question déclara au Seigneur ce qui suit : *"Fort bien, Maître, tu as eu raison de dire qu'Il est unique et qu'il n'y en a pas d'autre que Lui; l'aimer de tout son cœur, de toute son intelligence et de toute sa force, et aimer le prochain comme soi-même, vaut mieux que tous les holocaustes et tous les sacrifices"*[79].

---

[73]Cfr. Mt 25, 31-46.
[74]Mt 25, 45.
[75]Cfr. Lc 16, 19-30.
[76]Cfr. Lc 10, 29-37.
[77]Cfr. Jn 13, 34-35.
[78]Mc 12, 29-31.
[79]Mc 12, 32-33.

Et Jésus, voyant que ce dernier avait compris la volonté de Dieu et sa logique, lui répondit qu'il n'était pas loin du Royaume de Dieu[80], parce qu'il a compris qu'on ne peut prétendre ni croire authentiquement en Dieu, ni le servir authentiquement, ni l'aimer authentiquement en étant indifférent à l'homme. Leçon que l'apôtre Jean avait aussi bien comprise, en écrivant ce qui suit:

"Si quelqu'un dit : 'J'aime Dieu' et qu'il déteste son frère, c'est un menteur : celui qui n'aime pas son frère, qu'il voit, ne saurait aimer le Dieu qu'il ne voit pas. Oui, voilà le commandement que nous avons reçu de lui : que celui qui aime Dieu aime aussi son frère."[81]

C'est ce qu'avait déjà compris Ben Sirac le sage, dans l'Ancien Testament, lorsqu'il conseillait en ces termes:

"L'eau éteint les flammes, l'aumône remet les péchés. Qui répond par des bienfaits prépare l'avenir, au jour de sa chute il trouvera un soutien. Mon fils, ne refuse pas au pauvre sa substance et ne fais pas languir le miséreux. Ne fais pas souffrir celui qui a faim, n'exaspère pas l'indigent. Ne t'acharne pas sur un cœur exaspéré, ne fais pas languir après ton aumône le nécessiteux. Ne repousse pas le suppliant durement éprouvé, ne détourne pas du pauvre ton regard. Ne détourne pas tes yeux du nécessiteux, ne donne à personne l'occasion de te maudire. Si quelqu'un te maudit dans sa détresse, son Créateur exaucera son imprécation. Fais-toi aimer de la communauté, devant un grand baisse la tête. Prête l'oreille au pauvre et rends-lui son salut avec douceur. Délivre l'opprimé des mains de l'oppresseur et ne sois pas lâche en rendant la justice. Sois pour les orphelins un père et comme un mari pour leurs mères. Et tu seras comme un fils du Très-Haut qui t'aimera plus que ne fait ta mère".[82]

Plus loin, le même Ben Sirac le sage ajoute encore ces conseils: *"Au pauvre également fais des largesses, pour que ta bénédiction soit parfaite. Que ta générosité touche tous les vivants, même aux morts ne refuse pas ta pitié. Ne te détourne pas de ceux qui pleurent, afflige-toi avec les affligés. Ne crains pas de t'occuper des malades, par de tels actes tu te gagneras l'affection. Dans tout ce que tu fais souviens-toi de ta fin et tu ne pécheras jamais".*[83]

Toujours dans la perspective – de montrer que rester indifférent à l'égard de nos frères et sœurs qui sont dans le besoin ou refuser de les aider est une des sources des malheurs dans la vie d'un homme, du fait que ça nous éloigne de Dieu lui-même qui s'identifie en eux – ouvrons une parenthèse importante, en faisant allusion à une des retraites que nous avons déjà animées dont le thème était "Comment avoir et accumuler facilement des points pour le Royaume de Dieu?"

En effet, parmi les éléments qui permettent d'obtenir facilement des points pour hériter du Royaume de Dieu, nous avions, lors de cette retraite, retenu aussi l'attention et la générosité envers nos frères et sœurs nécessiteux, en qui Jésus s'identifie régulièrement. Et là, nous avions eu même à démontrer que, sachant combien le bienfait à ces frères et sœurs augmente facilement les points pour hériter son Royaume,

---

[80]Cfr. Mc 12, 34.
[81]1 Jn 4, 20-21.
[82]Si 3, 30-31.4, 1-10.
[83]Ibidem, 7, 32-36.

le Seigneur, qui veut à tout prix nous faire entrer dans cette félicité éternelle, quand il se rend compte que nos points ne sont pas encore suffisants pour ce faire, il nous donne des opportunités pour les augmenter, en envoyant vers nous des frères et des sœurs qui ont besoin de notre aide. Et si c'est vraiment pour nous permettre d'augmenter nos points pour le Royaume des cieux, ce frère ou cette sœur ne nous demandera que ce qui est à notre portée; il ou elle ne pourra jamais nous demander l'impossible.
Mais comme le diable, qui ne veut pas nous voir entrer dans ce Royaume de paix et joie éternelles, sait que l'homme a le pouvoir de choisir (entre le bien et le mal) et qu'en choisissant d'aider et d'être attentif aux nécessiteux il augmenterait effectivement des points pour hériter le Royaume des cieux, le diable, disions-nous, nous suggérera toujours, dans un tel cas, une raison ou une excuse pour ne pas le faire et, ainsi, ne pas augmenter lesdits points. A nous donc d'être toujours attentifs et de nous rappeler toujours que, chaque fois que notre frère ou notre sœur nous demandera de l'aide et que ce qu'il ou elle nous demande est en notre possession ou à notre pouvoir, c'est Dieu qui nous accorde une opportunité pour pouvoir augmenter nos points, afin d'hériter son Royaume. Ne pas le faire, c'est refuser le bonheur et la vie éternels qu'il nous offre et opter ainsi pour la peine éternelle.[84] A nous donc d'être attentifs et de nous montrer sensibles et généreux.

Allant aussi dans la même optique, la culture négro-africaine n'a cessé de multiplier dictons, proverbes et fables, afin d'aider tous les membres de la communauté à être attentifs aux autres, à partager et à aider tout homme et toute femme qui est dans le besoin. Chez les Baluba, on dit souvent: *"Kupa nkuteka, nansha mupa kapumba"* (entendez: partager, c'est conserver, mais si c'est fait à un vaurien), pour signifier à tous que celui qui aide ou partage avec les autres, est comme celui qui conserve pour lui, dans la mesure où le bienfait lui reviendra un jour. Il y a aussi ce dicton: "kuiminyi mukute." (littéralement: ne refuse pas de partager ton pain avec n'importe quel homme, car tu ne connais pas qui a plus et qui peut ainsi t'aider). Ou encore: "Kayeke, bakakalekela mampampi" (entendez: au nain, qui voulait tout amasser pour lui, on lui laissa tout mais il ne savait pas le porter seul).
Les tétera disent quant à eux: *"Lonya lakaha, mbatokondiaka"* (littéralement: c'est la main qui donne qui reçoit.) ou encore: *"Kanga unyishi, hasambe doka."* (littéralement: celui qui ne sait pas partager ne peut pas ne pas être sorcier), ou encore: *"Ombitsha l'osue, kele kakotsha l'okonda."* (entendez: sauve-moi dans la savane, où il y a moins de danger, et moi je te sauverai dans la forêt, où il y a plus de danger). Comme pour dire, celui qui aide les autres, sera sauvé ou aidé en des moments encore plus compliqués. Il faut apprendre à partager, pour ne pas mériter la sorcellerie, pour ne pas manquer aussi de l'aide quand on sera en difficulté.

Une autre source qui peut engendrer beaucoup de difficultés ou souffrances dans la vie d'un homme ou d'une femme, c'est le manque de respect envers les sacrements et les choses dites sacrées, dédiées au Dieu Tout-Puissant.

---

[84]Cfr. Mt 25, 46.

9. Neuvième source de malheurs dans la vie d'un homme: le manque de respect envers les sacrements et les choses sacrées.

Commençons d'abord par rappeler que pour l'Eglise Catholique, les sacrements sont la manière dont le Christ – en ce temps dit de l'Eglise et qui commence le jour de la Pentecôte, par l'effusion de l'Esprit Saint – vit et agit désormais dans son Eglise et avec elle d'une manière nouvelle, propre à ce temps nouveau. C'est cette façon nouvelle d'agir du Christ que la Tradition commune de l'Orient et de l'Occident appelle "l'économie sacramentelle" qui, selon le Catéchisme de l'Eglise Catholique, consiste en la communication (ou "dispensation") des fruits du mystère Pascal du Christ dans la célébration de la liturgie "sacramentelle" de l'Eglise.[85]

Par ailleurs et toujours selon le Catéchisme de l'Eglise Catholique, ces sacrements, qu'il appelle "sacrements de la loi nouvelle" et qui sont institués par le Christ, *"sont au nombre de sept, à savoir le Baptême, la Confirmation, l'Eucharistie, la Pénitence, l'Onction des malades, l'Ordre et le Mariage. Les sept sacrements touchent toutes les étapes et tous les moments importants de la vie du chrétien: ils donnent naissance et croissance, guérison et mission à la vie de foi des chrétiens. En cela il existe une certaine ressemblance entre les étapes de la vie naturelle et les étapes de la vie spirituelle".*[86]

Et en suivant cette ressemblance entre les étapes de la vie naturelle et les étapes de la vie spirituelle, le Catéchisme de l'Eglise Catholique expose les sept sacrements en 3 groupes, à savoir : les sacrements de l'initiation chrétienne (le Baptême, la Confirmation et l'Eucharistie), les sacrements de guérison (le sacrement de pénitence et de la réconciliation et le sacrement de l'Onction des malades) et les sacrements qui sont au service de la communion et de la mission des fidèles (le sacrement de l'Ordre et le sacrement du mariage).[87]

Un tel ordre, nous fait encore remarquer le même Catéchisme de l'Eglise Catholique, a le mérite de faire voir que tous les sept sacrements forment un organisme dans lequel chaque sacrement particulier a sa place vitale. Et d'ajouter cette précision:
"Dans cet organisme, l'Eucharistie tient une place unique en tant que 'sacrement des sacrements': 'Tous les autres sacrements sont ordonnés à celui-ci comme à leur fin'".[88]

De tout ce qui précède, nous pouvons affirmer, sans peur aucune de nous tromper, que l'Eglise croit et enseigne que, par les sacrements, c'est le Christ lui-même qui continue son œuvre salvifique du monde, de sorte que manquer du respect pour les sacrements, c'est aussi et directement manquer du respect envers le Christ lui-même et envers son œuvre salvifique. Et les conséquences d'un tel manquement ne peuvent être que néfastes pour la vie de celui qui en est l'auteur.

---

[85]Cfr. Catéchisme de l'Eglise Catholique, 1076.
[86]Catéchisme de l'Eglise Catholique, 1210.
[87]Cfr. Catéchisme de l'Eglise Catholique, 1211
[88]Catéchisme de l'Eglise Catholique, 1211.

Aussi le Christ, dans certains passages de l'Evangile, nous avertit-il, bien que de façon un peu voilée:
"Ne donnez pas aux chiens ce qui est sacré, ne jetez pas vos perles devant les porcs, de crainte qu'ils ne les piétinent, puis se retournent contre vous pour vous déchirer".[89]

Et, voulant aller encore plus loin dans les précisions, saint Paul, pour sa part, nous dévoile que certaines difficultés, certaines maladies et même certaines morts qui surviennent parmi les frères et sœurs de Corinthe ont pour cause ce manque de respect envers le Corps et le Sang du Christ (le sacrement de l'Eucharistie):
"Ainsi donc, quiconque mange le pain et boit la coupe du Seigneur indignement aura à répondre du corps et du sang du Seigneur. Que chacun donc s'éprouve soi-même, et qu'ainsi il mange de ce pain et boive de cette coupe; car celui qui mange et boit, mange et boit sa propre condamnation, s'il ne discerne le Corps. Voilà pourquoi il y a parmi vous beaucoup de malades et d'infirmes, et que bon nombre sont morts. Si nous nous examinions nous-mêmes, nous ne serions pas jugés".[90]

Il en est de même pour les choses sacrées, qui appartiennent premièrement à Dieu et donc méritent toute révérence. Déjà dans l'Ancien Testament, la Parole de Dieu nous montre combien ceux et celles qui ont manqué de respect aux choses sacrées ou qui les ont volées, ont vu, sans tarder, la punition de Dieu tomber sur eux:
C'est le cas du roi Balthazar qui, pour avoir profané les vases sacrés que son père, le grand roi Nabuchodonosor, avait pillés dans le Temple de Jérusalem, et les avoir utilisés pour son festin, voit une main humaine écrire sur le mur de la salle du festin, lui annonçant, selon les révélations que Daniel lui fera, la punition de la part de Dieu Tout-puissant.[91]
La même sanction sera réservée aussi bien à Géhazi(le serviteur du prophète Elisée), qui vole les biens sacrés[92], qu'au couple d'Ananie et Saphire qui, dans le Nou-veau Testament cette fois-ci, trompe et cache une partie des biens réservés à Dieu.[93]

Comme on peut bien le voir à partir de ces révélations de la Parole de Dieu, certains de nos frères et sœurs souffrent aussi soit par le manque de respect aux sacrements (qui sont la manière actuelle du Christ d'être, d'agir et de sauver son peuple, par et avec son Eglise), soit par la fraude ou la désacralisation des biens sacrés, c'est-à-dire qui sont dédiés à Dieu. A nous donc d'être attentifs et d'éviter tout cela. Et si ça nous arrive un jour de succomber, repentons-nous vite et demandons pardon, en confessant et en réparant nos fautes.

Après ces révélations sur la neuvième source des malheurs dans la vie d'un homme, passons maintenant à la dixième source, à savoir: tromper Dieu en ce qui concerne les offrandes et la dîme que nous devons donner.

---

[89]Mt 7, 6.
[90]1Cor 11, 27-31.
[91]Dl 5.
[92]2R 5, 20-27.
[93]Ac 5, 1-11.

10. Dixième source de malheurs dans la vie d'un homme: Le fait de tromper Dieu en ce qui concerne les offrandes et la dîme.

Il faut d'abord commencer par montrer ici que l'offrande (le don de ce qu'on est ou de ce qu'on a) revêt un caractère très sacré aux yeux de notre Dieu: C'est par elle qu'il a sauvé les hommes et c'est par elle qu'il reconnaît l'authenticité de notre foi en lui.[94] C'est un acte de foi, un signe que nous acceptons que c'est Lui le Créateur, qui nous a tout donné et que nous dépendons toujours de Lui. Aussi lui traduisons-nous, par nos offrandes et nos dîmes, notre reconnaissance et notre foi en Lui.

Il convient ici de rappeler ce que je disais toujours à mes paroissiens, à savoir: l'offrande est un signe qui dit beaucoup. Comme le signe qui consiste à secouer la main (quand on est loin) ou serrer la main (quand on est proche), pour saluer. En effet, en passant de loin, si je veux saluer une personne ou un groupe de personnes, il suffit pour moi de soulever et de balancer ma main, et l'autre ou les autres comprennent directement que je suis en train de les saluer et ils répondent aussi par le même signe. Aussi en est-il de même pour l'offrande et/ou la dîme: elle est un signe de foi en Dieu. Celui ou celle qui offre dit ou reconnaît en d'autres termes que Dieu est Dieu, c'est lui qui l'a créé, qui lui donne le souffle de vie, l'intelligence, la force, etc; c'est pourquoi il vient lui témoigner sa reconnaissance. Celui ou celle qui ne le fait pas, dit, pour sa part, qu'il ne connaît pas Dieu, qu'il ne croit pas en lui, au don de la vie, de la force, de l'intelligence, etc. qu'il fait aux hommes; qu'il n'a pas besoin de Lui dans sa vie et qu'il est aussi dieu comme Lui l'est.

On comprend ici pourquoi un tel manquement est vite et sévèrement sanctionnée par Dieu, car elle signifie et dit beaucoup:

“Non, moi Yahvé, je ne varie pas, et vous, les fils de Jacob, vous ne cessez pas! Depuis les jours de vos pères, vous vous écartez de mes décrets et ne les gardez pas. Revenez à moi et je reviendrai à vous! dit le Yahvé Sabaot. – Vous dites: comment reviendrons-nous? – Un homme peut-il tromper Dieu? Or vous me trompez! – Vous dites: En quoi t'avons-nous trompé? – Quant à la dîme et aux redevances. La malédiction vous atteint: c'est que vous me trompez, vous la nation dans son entier. Apportez intégralement la dîme au trésor, pour qu'il y ait de la nourriture chez moi. Et mettez-moi à l'épreuve, dit Yahvé Sabaot, pour voir si je n'ouvrirai pas en votre faveur les écluses du ciel et ne répandrai pas en votre faveur la bénédiction en abondance.”[95]

Autant le Seigneur ne laisse impuni celui ou celle qui le trompe dans les offrandes[96], autant il ne laisse non plus impuni (e) celui ou celle qui vole les offrandes[97].

De tout ce qui précède, nous pouvons donc retenir que certains de nos frères ou certaines de nos sœurs qui souffrent, le sont pour avoir soit négligé ou ignoré ce fait, soit pour avoir trompé en l'accomplissant, soit pour avoir volé ce qui est offert ou ce qui est sacré. Aussi faut-il toujours faire un bel examen de conscience, pour voir si nous

---

[94]Cfr. Lc 22, 24-27; Mt 20, 25-28; Jn 10, 11; 15, 13; Ph 2, 1-11; Rm 12, 1-2.
[95]Ml 3, 6-10.
[96]Cfr.Ml 3, 9; Ac 5, 1-11
[97]Cfr. 2R5, 1-27.

ne sommes pas coupable de ce méfait, et si c'est le cas, confesser notre mal, nous repentir et restituer ce que nous aurions volé, détourné ou soustrait.

Par ailleurs et comme autre source de malheurs dans la vie d'un homme, il y a le manque de maîtrise dans le parler. C'est la onzième source dans notre étude.

11. Onzième source de malheurs dans la vie d'un homme : le fait de parler toujours et sans repos, de ne pas contrôler sa langue et son langage, de ne pas savoir distinguer le moment propice pour parler de celui qui ne l'est pas.

Ici aussi, reconnaissons que soit la tradition de nos ancêtres, à travers différents proverbes, soit la Bible, dans l'Ancien comme dans le Nouveau Testament, nous démontrent à suffisance qu'un homme ou une femme qui ne contrôlerait pas sa langue et qui ne saurait distinguer quand il faut de quand il ne faut pas parler, serait toujours un grand danger non seulement pour lui-même ou pour elle-même, mais aussi pour le prochain et pour toute la communauté. En effet, un tel ou une telle mentirait beau- coup, susciterait facilement de la haine, de la division, de l'opposition, des disputes entre les gens; mettrait facilement son nez dans tout, même dans ce qui ne le concerne pas; ne verrait facilement que le mal des autres et, de ce fait, les critiquerait facilement, mais par contre reconnaîtrait difficilement ses propres limites et, de ce fait, les corrigerait difficilement.

De la Bible, en effet, retenons, pour l'Ancien Testament, seulement 4 livres, à savoir : le livre des Proverbes, le livre des Psaumes, le livre de Ben Sirac le sage appelé aussi Ecclésiastique et le livre du prophète Isaïe.

Dans le livre des Proverbes, par exemple, l'auteur (ou les auteurs) révèle (ou révèlent) à plusieurs reprises que la langue peut, non seulement tuer ou donner la vie, mais aussi que celui qui ne maîtriserait pas sa langue serait vraiment un sot et un dangereux pour la vie de la communauté:

"La langue apaisante est un arbre de vie, la langue perverse brise le cœur".[98]
"Mort et vie sont au pouvoir de la langue, ceux qui la chérissent mangeront de son fruit".[99]
"Mieux vaut le pauvre qui se conduit honnêtement que l'homme aux lèvres tortueuses et qui n'est qu'un sot".[100]

Allant dans la même perspective, le psalmiste attire notre attention sur la nécessité de contrôler la langue, si nous voulons vivre en paix avec nous-mêmes, avec les autres et avec Dieu. Aussi se met-il à appeler Dieu, non seulement pour secourir contre ce

---

[98]Pr 15, 4.
[99]Pr 18, 21.
[100]Pr 19, 1.

fléau, mais aussi pour punir, jusqu'à l'élimination totale, tous ceux et toutes celles qui manquent de maîtrise pour leurs langues :

“Au secours, Yahvé! Il n'y a plus d'homme fidèle, la loyauté a disparu d'entre les fils d'Adam. On ne fait que mentir, chacun à son prochain, lèvres trompeuses, langage d'un cœur double. Que Yahvé retranche toute lèvre trompeuse, la langue qui fait de grandes phrases, ceux qui disent: 'La langue est notre fort, nos lèvres sont pour nous, qui serait notre maître?'”.[101]

“Ta langue, comme un rasoir effilé, rumine le crime, artisan d'imposture. Tu aimes mieux le mal que le bien, le mensonge que la justice; tu aimes toute parole qui dévore, langue d'imposture. C'est pourquoi Dieu t'écrasera, te détruira jusqu'à la fin, t'arrachera de la tente, t'extirpera de la terre des vivants”.[102]

“Eux qui aiguisent leur langue comme une épée, ils ajustent leur flèche, parole amère, pour tirer en cachette sur l'homme intègre, ils tirent soudain et ne craignent rien. Ils s'encouragent dans leur méchante besogne, ils calculent pour tendre des pièges, ils disent : 'Qui les verra?' Ils combinent des méfaits :'C'est parfait, tout est bien combiné!' Au fond de l'homme, le cœur est impénétrable. Dieu a tiré une flèche, soudaines ont été leurs blessures; il les fit choir à cause de leur langue, tous ceux qui les voient hochent la tête”.[103]

Allant encore plus loin que les deux premiers auteurs, le livre dit de Ben Sirac le sage (Ecclésiastique) décrit de façon détaillée comment celui ou celle qui ne maîtrise pas sa langue, non seulement détruit les relations et la vie dans la communauté, mais aussi se trouve plus exposé (e) aux malheurs et à la mort que quiconque :

“Il y a une manière de parler qui ressemble à la mort, qu'elle ne soit pas en usage dans l'héritage de Jacob, car les hommes pieux repoussent tout cela, ils ne se vautrent pas dans le péché. N'habitue pas ta bouche à l'impurté grossière où se trouve la parole du péché. Souviens-toi de ton père et de ta mère quand tu sièges au milieu des grands, de crainte que tu ne t'oublies en leur présence, que tu ne conduises comme un sot, et que tu n'en arrives à souhaiter de n'être pas né et à maudire le jour de ta naissance. Un homme accoutumé aux paroles répréhensibles ne se corrigea de sa vie”.[104]

“Reste à l'écart des querelles, et tu éviteras le péché; l'homme passionné attise les querelles; le pécheur sème le trouble parmi les amis, parmi les gens qui vivent en paix il jette la brouille. Le feu brûle suivant son combustible, la querelle se propage d'après sa violence; la fureur d'un homme dépend de sa force, sa colère monte selon sa richesse. Une querelle soudaine allume le feu, une dispute irréfléchie fait verser le sang. Souffle sur une flammèche, elle s'enflamme, crache dessus, elle s'étreint : telle est la puissance de ta bouche. Fi du bavard et du fourbe: ils ont perdu beaucoup de gens qui vivaient en paix. La troisième langue a ébranlé bien des gens, les a dispersés d'une nation à l'autre; elle a détruit de puissantes cités et renversé des maisons de grands. La troisième langue a fait répudier des femmes parfaites, les dépouillant du fruit de leurs travaux. Qui lui prête l'oreille ne trouve plus le repos, ne peut plus demeurer dans la paix. Un coup de fouet laisse une marque, mais un coup de langue brise les os. Bien des gens sont tombés par l'épée, mais beaucoup plus ont péri par la langue. Heureux qui est à l'abri de ses atteintes, qui n'est pas exposé à sa fureur, qui n'a pas porté son joug, qui n'a pas été lié de ses chaînes. Car son

---

[101]Ps 12, 1-5.
[102]Ps 52, 4-7.
[103]Ps 64, 4-9.
[104]Si 23, 12-15.

joug est un joug de fer et ses chaînes des chaînes d'airain. Une mort terrible, la mort qu'elle inflige, et le shéol lui est préférable. Elle n'a pas d'emprise sur les hommes pieux, ils ne sont pas brûlés à sa flamme. Ceux qui abandonnent le Seigneur sont ses victimes, en eux elle brûlera sans s'éteindre, elle sera lancée contre eux comme un lion, elle les déchirera comme une panthère. Vois, entoure d'épines ta propriété, serre ton argent et ton or. Dans ton langage use de balances et de poids, à la bouche mets porte et verrou. Garde-toi de faire par elle des faux pas, tu tomberais au pouvoir de celui qui te guette".[105]

"Celui qui hait le bavardage échape au mal".[106]

"Tel se tait et passe pour sage, tel autre se fait détester pour son bavardage. Le sage sait se taire jusqu'au bon moment, mais le bavard et l'insensé manquent l'occasion. Celui qui parle trop se fait détester et celui qui prétend s'imposer suscite la haine".[107]

Le prophète Isaï, pour sa part, classe celui ou celle qui ne maitrise pas sa langue et, de ce fait, dirait facilement des mensonges, calomnierait facilement, proférerait facilement des injures et comploterait facilement contre son prochain, le prophète donc le ou la classe dans la liste de ceux et celles pour qui le Seigneur notre Dieu préfère leur cacher sa face, ne plus écouter leurs prières, ne plus pardonner leurs péchés:
"Non, la main de Yahvé n'est pas trop courte pour sauver, ni son oreille trop dure pour entendre. Mais ce sont vos fautes qui ont creusé un abîme entre vous et votre Dieu. Vos péchés ont fait qu'il vous cache sa face et refuse de vous entendre. Car vos mains sont souillées par le sang et vos doigts par le crime, vos lèvres ont proféré le mensonge, votre langue médite le mal. Nul n'accuse à juste titre, nul ne plaide de bonne foi. On se confie au néant, on profère la fausseté, on conçoit la peine, on enfante le mal".[108]

Pour ce qui est du Nouveau Testament, le Seigneur Jésus commence d'abord – en utilisant l'image de l'arbre qui se reconnaît par les fruits qu'il produit – par souligner que les paroles révèlent la qualité du cœur de l'homme ou de la femme qui les prononce. Si son cœur est bon, ses paroles seront aussi bonnes, mais s'il est mauvais, ses paroles aussi seront mauvaises. En effet, comme il est impossible de trouver de mauvais fruits sur un bon arbre ou de bons fruits sur un mauvais arbre, ainsi en est-il des paroles : elles révèlent la qualité du cœur de celui ou de celle qui les profère.

"Prenez un arbre bon : son fruit sera bon; prenez un arbre gâté : son fruit sera gâté. Car c'est au fruit qu'on reconnaît l'arbre. Engeance de vipères, comment pourriez-vous tenir un bon langage, alors que vous êtes mauvais? Car c'est du trop-plein du cœur que la bouche parle. L'homme bon, de son bon trésor tire de bonnes choses; et l'homme mauvais, de son mauvais trésor en tire de mauvaises".[109]

"Il n'y a pas de bon arbre qui produise un fruit gâté, ni inversement d'arbre gâté qui produise un bon fruit. Chaque arbre en effet se reconnaît à son propre fruit; on ne cueille pas de figues sur des épines, on ne vendange pas non plus de raisin sur des ronces. L'homme bon, du bon trésor de son cœur, tire ce qui est bon, et celui qui est mauvais , de son mauvais fond, tire ce qui est mauvais;

---

[105]Si 28, 8-26.
[106]Si 19, 6.
[107]Si 20, 5.7-8.
[108]Is 59, 1-4.
[109]Mt 12, 33-35.

car c'est du trop-plein du cœur que parle sa bouche".[110]

Ensuite, le Seigneur souligne la nécessité de contrôler ou de maîtriser notre langue, car, selon Lui, nous sommes responsables de toute parole qui sort de notre bouche et nous allons en répondre devant le tribunal divin :

"Or je vous le dis : de toute parole sans fondement que les hommes auront proférée, ils rendront compte au jour du jugement. Car c'est d'après les paroles que tu seras justifié et c'est d'après tes paroles que tu seras condamné".[111]

Aussi l'apôtre Jacques, dans sa lettre, montre-t-il que la langue est capable d'entrainer et entraîne tout l'homme, de sorte qu'elle peut l'amener au salut ou à la perdition:

"Si quelqu'un ne commet pas d'écart de paroles, c'est un homme parfait, il est capable de refréner tout son corps. Quand nous mettons aux chevaux un mors dans la bouche, pour nous en faire obéir, nous dirigeons tout leur corps. Voyez encore les vaisseaux: si grands qu'ils soient, même poussés par des vents violents, ils sont dirigés par un tout petit gouvernail, au gré du pilote. De même la langue est un membre minuscule et elle peut se glorifier de grandes choses! Voyez quel petit feu embrase une immense forêt: la langue aussi est un feu. C'es le monde du mal, cette langue placée parmi nos membres: elle souille tout le corps; elle enflamme le cycle de la création, enflammée qu'elle est par la géhenne. Bêtes sauvages et oiseaux, reptiles et animaux marins de tout genre sont domptés et ont été domptés par l'homme. La langue, au contraire, personne ne peut la dompter: c'est un fléau sans repos. Elle est pleine d'un venin mortel. Par elle nous bénissons le Seigneur et Père, et par elle nous maudissons les hommes faits à l'image de Dieu. De la même bouche sortent la bénédiction et la mlédiction. Il ne faut pas, mes frères, qu'il en soit ainsi. La source fait-elle jaillir par la même ouverture et le doux et l'amer? Un figuier, mes frères, peut-il donner des olives, ou une vigne des figues? L'eau de mer ne peut pas non plus donner de l'eau douce".[112]

Allant dans la même perspective, l'apôtre Paul, pour sa part, classe (dans sa lettre aux Galates),celui ou celle qui ne sait pas maîtriser sa langue dans la liste de ceux et celles qui sont guidés par la chair et qui, de ce fait, ne pourront pas hériter le Royaume de Dieu; mais celui ou celle qui sait le faire est, selon lui, dans la liste des bienheureux du Royaume de Dieu, parce qu'ils sont mûs par le Saint Esprit et ont déjà crucifié leur chair ensemble avec Jésus le Christ.[113] Aussi n'hésite-t-il pas d'avouer aux colossiens que parmi les choses qui attirent facilement la colère de Dieu, il y a le manque de maîtrise de sa langue caractérisé par de vilains propos et des mensonges.[114]

De tout ce qui précède, que ce soit dans l'Ancien ou le Nouveau Testament, nous pouvons retenir que celui ou celle qui ne maîtrise pas sa langue est un danger non seulement pour lui-même, mais aussi pour ses prochains et pour la vie harmonieuse de la communauté. Comme tel, il (ou elle) attire facilement sur lui (ou sur elle) la colère aussi bien des hommes que de Dieu.

---

[110]Lc 6, 43-45.
[111]Mt 12, 36-37.
[112]Jc 3, 2b-12.
[113]Cfr. Ga 5, 19-24.
[114]Cfr. Col 3, 5-9.

Voyons maintenant, en partant de certains proverbes (nous prenons ici un ou deux dictons de la communauté tétera), ce que la tradition négro-africaine nous renseigne sur cette onzième source des malheurs dans la vie d'un homme : le manque de maîtrise dans le parler:
– *"Enginya kana kanga djele, lo sawo kaweyawo"*(pour dire que c'est par ses propres paroles qu'un sot ou un vaut-rien se fait reconnaître). Et dans la communauté négro-africaine tétera, un homme ou une femme qui parle beaucoup ou qui ne sait pas maîtriser sa langue est vite déconsidéré (e) : facilement on ne prendrait plus au sérieux ses propos et on ne lui confierait plus des secrets de famille ou de la communauté. Aussi conseille-t-on au chef ou à ceux qui aspirent à être grands de savoir toujours écouter plus et parler moins. C'est à ce prix seulement qu'on devient non un danger pour soi-même et pour la communauté, mais un bien. C'est à ce prix aussi que l'on acquiert la sagesse et l'intelligence.
Les tétera vont même plus loin et considèrent celui ou celle qui parle beaucoup comme un fou: *"Ongo, ambahoka alonga."*(celui-là ou celle-là n'a plus sa tête en place).

Cette onzième source des malheurs dans la vie d'un homme nous permet d'aborder la douzième source, à savoir : le manque de maîtrise de soi dans le manger, le boire et le sexe.

12. Douzième source de malheurs dans la vie d'un homme: Le manque de maîtrise de soi dans le manger, le boire et le sexe.

Ici aussi, que ce soit dans la Parole de Dieu, dans l'Ancien comme dans le Nouveau Testament, que ce soit dans la tradition négro-africaine – avec des innombrables proverbes –, il est clairement démontré que tout celui ou toute celle qui ne sait pas se maîtriser dans le manger, le boire ou le sexe s'exposerait facilement à des multiples difficultés, souffrances et même à une mort anticipée.

Commençons d'abord par la Parole de Dieu. En effet, dans l'Ancien Testament déjà, plusieurs passages nous dévoilent le danger qu'il y a pour le manque de réglementation dans le manger, le boire et le sexe:

> *"Ne te laisse pas entraîner par tes passions et refrène tes désirs. Si tu t'accordes la satisfaction de tes appétits, tu fais la risée de tes ennemis. Ne te complais pas dans une existence voluptueuse, ne te lie pas à une telle société. Ne t'appauvris pas en festoyant avec de l'argent emprunté, quand tu n'as pas un sou en poche. Un ouvrier buveur ne sera jamais riche, qui méprise les riens peu à peu s'appauvrit. Le vin et les femmes pervertissent les hommes sensés, qui fréquente les prostituées perd toute pudeur. Des larves et des vers il sera la proie et l'homme téméraire y perdra la vie".*[115]

> *"Mange en homme bien élevé ce qui t'est présenté, ne joue pas des mâchoires, ne te rends pas odieux. Arrête-toi le premier par bonne éducation, ne sois pas glouton, de crainte d'un affront. Si tu es à table en nombreuse compagnie, ne te sers pas avant les autres. Qu'il suffit de peu à un homme bien élevé! Aussi, une fois couché, il respire librement. A régime sobre, bon sommeil, on se*

[115]Si 18, 30-33.19, 1-3.

lève tôt, on a l'esprit libre. *L'insomnie, les vomissements, les coliques, voilà pour l'homme intempérant".*[116]

"Avec le vin ne fais pas le brave, car le vin a perdu bien de gens. La fournaise éprouve la trempe de l'acier, ainsi le vin éprouve les cœurs dans un tournoi de fanfarons. Le vin, c'est la vie pour l'homme, quand on en boit modérément. Quelle vie mène-t-on privé de vin? Il a été créé pour la joie des hommes. Gaîté du cœur et joie de l'âme, voilà le vin qu'on boit quand il faut et à sa suffisance. Amertume de l'âme, voilà le vin qu'on boit avec excès, par passion et par défi. L'ivresse excite la fureur de l'insensé pour sa perte, elle diminue sa force et provoque les coups".[117]

"Raillerie dans le vin! Insolence dans la boisson! Qui s'y égare n'est pas sage".[118]

"Ne sois pas de ceux qui s'enivrent de vin, de ceux qui se gavent de viande, car buveur et glouton s'appauvrissent, et la torpeur fait porter des haillons. Ecoute ton père qui t'a engendré, ne méprise pas ta mère devenue vieille. Acquiers la vérité, ne la vends pas: sagesse, discipline et intelligence. Il est au comble de l'allégresse, le père du juste; celui qui a donné le jour au sage s'en réjouit. Ton père et ta mère seront dans la joie, et dans l'allégresse, celle qui t'a enfanté. Mon fils, prête-moi attention, que tes yeux se complaisent dans ma voie: c'est une fosse profonde que la prostituée, un puits étroit que l'étrangère. Elle aussi, comme un briguand, est en embuscade, parmi les hommes elle multiplie les traîtres. Pour qui les 'malheurs'? Pour qui les 'Hélas'? Pour qui les querelles? Pour qui les plaintes? Pour qui les coups à tort et à travers? Pour qui les yeux troubles? Pour ceux qui s'attardent au vin, qui vont en quête de boissons mêlées. Ne regarde pas le vin, comme il est vermeil! Comme il brille dans la coupe! Comme il coule tout droit! Il finit par mordre comme un serpent, par piquer comme un vipère. Tes yeux verront d'étranges choses, ton cœur s'exprimera de travers. Tu seras comme un homme couché en haute mer, ou couché à la pointe d'un mât. 'On m'a battu, je n'ai point mal! 'On m'a rossé, je n'ai rien senti! Quand m'éveillerai-je?... J'en demanderai encore!'"[119]

"Malheur à ceux qui se lèvent tôt le matin pour courir à la boisson, qui s'attardent le soir, ivres de vin. Ce ne sont que harpes et cithares, tambourins et flûtes, et du vin pour leurs beuveries. Mais pour l'œuvre de Yahvé, pas un regard, l'action de ses mains, ils ne la voient pas. C'est pourquoi mon peuple est exilé, faute de connaissance; sa noblesse: des gens affamés! Ses foules séchant de soif! Malheur à ceux qui sont des héros pour boire du vin et des champions pour mélanger la boisson, qui acquittent le coupable pour un pot-de-vin, et refusent au juste la justice. Oui, comme la flamme dévore la paille, comme le foin s'enflamme et disparaît, leur racine ressemblera à de la pourriture, leur bourgeon sera emporté comme la poussière. Car ils ont rejeté la loi de Yahvé Sabaot, ils ont méprisé la parole du Saint d'Israël".[120]

"Malheur à l'orgueilleuse couronne des ivrognes d'Ephraïm, à la fleur fanée de sa superbe splendeur sise au sommet de la grasse vallée, à ceux que terrasse le vin. Voici un homme fort et puissant au service du Seigneur, comme une tornade de grêle, une tempête dévastatrice, comme d'énormes trombes d'eau qui se déversent, de sa main il les jette à terre. Elles seront foulées aux pieds, l'orgueilleuse couronne des ivrognes d'Ephraïm et la fleur fanée de sa superbe splendeur sise au sommet de la grasse vallée. C'est comme une figue mûre avant l'été: qui l'aperçoit aussitôt la saisit et l'avale".[121]

---

[116]Si 31, 16-20.
[117]Si 31, 25-30.
[118]Pr 20, 1.
[119]Ibidem 23, 20-35.
[120]Is 5, 11-14.22-24.
[121]Ibidem, 28, 1-4.

"Ne te livre pas aux mains des prostituées: tu y perdrais ton patrimoine.(...) Près d'une femme mariée garde-toi bien de t'asseoir et de t'attabler pour des beuveries, de crainte que ton cœur ne succombe à ses charmes et que dans ta passion tu ne glisses à ta perte".[122]

"Il en est de même de la femme infidèle à son mari qui lui apporte un héritier conçu d'un étranger. Tout d'abord elle a désobéi à la loi du Très-Haut, ensuite elle est coupable envers son mari; *en troisième lieu elle s'est souillée par l'adultère et a conçu des enfants d'un étranger. Elle sera traduite devant l'assemblée et on examinera ses enfants. Ses enfants n'auront pas de racines, ses branches ne porteront pas de fruit. Elle laissera un souvenir de malédiction et sa honte ne sera jamais effacée. Et ceux qui viennent après elle sauront que rien ne vaut la crainte du Seigneur et que rien n'est plus doux que de s'attacher aux commandements du Seigneur".*[123]
"Yahvé dit: Parce qu'elles font les fières, les filles de Sion, qu'elles vont le cou tendu et les yeux provocants, qu'elles vont à pas menus, en faisant sonner les anneaux de leurs pieds, le Seigneur rendra galeux le crâne des filles de Sion, Yahvé dénudera leur front. Ce jour-là le Seigneur ôtera l'ornement de chaînettes, les médaillons et les croissants, les pendentifs, les bracelets, les breloques, les diadèmes et les chaînettes de chevilles, les parures, les boîtes à parfums et les amulettes, les bagues et les anneaux de narines, les vêtements de fête et les manteaux, les écharpes et les bourses, les miroirs, les linges fins, les turbans et les mantilles. Alors, au lieu de baume, ce sera la pourriture, au lieu de ceinture, une corde, au lieu de coiffure, la tête rase, au lieu d'une robe d'apparat, un pagne de grosse toile, et la marque au fer rouge au lieu de beauté".[124]

Par ailleurs, en plus de l'Ancien Testament, le Nouveau Testament condamne lui aussi le manque de maîtrise dans le manger, le boire et le sexe :

"Malheur au monde à cause des scandales! Il est fatal, certes, qu'il arrive des scandales, mais malheur à l'homme par qui le scandale arrive! 'Si ta main ou ton pied sont pour toi une occasion de péché, coupe-les et jette-les loin de toi: mieux vaut pour toi entrer dans la vie manchot ou estropié que d'être jeté avec tes deux mains ou tes deux pieds dans le feu éternel. Et si ton oeil est pour toi une occasion de péché, arache-le et jete-le loin de toi: mieux vaut pour toi entrer borgne dans la Vie que d'être jeté avec tes deux yeux dans la géhenne de feu."[125]

"Ne vous inquiétez donc pas en disant: Qu'allons-nous manger? de quoi allons-nous nous vêtir? Ce sont là toutes choses dont les païens sont en quête. Or votre Père céleste sait que vous avez besoin de tout cela. Cherchez d'abord son Royaume et sa justice, et tout cela vous sera donné par surcroît."[126]

"Quel est donc le serviteur fidèle et avisé que le maître a établi sur les gens de sa maison pour leur donner la nourriture en temps voulu? Heureux ce serviteur que son maître en arrivant trouvera occupé de la sorte! En vérité je vous le dis, il l'établira sur tous ses biens. Mais si ce mauvais serviteur dit en son cœur: 'Mon maître tarde' et qu'il se mette à frapper ses compagnos, à manger et à boire en compagnie des ivrognes, le maître de ce serviteur arrivera au jour qu'il n'attend pas et à l'heure qu'il ne connaît pas; il le retranchera et lui assignera sa part parmi les hypocrites: là seront les pleurs et les grincements de dents."[127]

---

[122]Si 9, 6.9.
[123]Ibidem, 23, 22-27.
[124]Is 3, 16-24.
[125]Mt 18, 7-9. Cfr. Mc 9, 43-48.
[126]Ibidem, 6, 31-33; cfr. Lc 12, 29-31.
[127]Mt 24, 45-51; cfr. Lc 12, 42-46.

"Comme les jours de Noé, ainsi sera de l'avènement du Fils de l'homme. En ces jours qui précédèrent le déluge, on mangeait et on buvait, on prenait femme et mari, jusqu'au jour où Noé entra dans l'arche, et les gens ne se doutèrent de rien jusqu'à l'arrivée du déluge, qui les emporta tous. Tel sera aussi l'avènement du Fils de l'homme. Alors deux hommes seront aux champs: l'un est pris, l'autre laissé; deux femmes en train de moudre: l'une est prise, l'autre laissée. 'Veillez donc, parce que vous ne savez pas quel jour va venir votre Maître. Comprenez-le bien: si le maître de maison avait su à quelle heure de la nuit le voleur devait venir, il aurait veillé et n'aurait pas permis qu'on perçat le mur de sa demeure. Ainsi donc, vous aussi, tenez-vous prêts, car c'est à l'heure que vous ne pensez pas que le Fils de l'homme va venir."[128]

Même si ces passages du Christ que nous avons retenus ici ne sont pas très explicites sur les conséquences néfastes du manque de maitrise dans le manger, le boire et le sexe, nous pouvons cependant en déceler ce qui suit: tout celui ou toute celle qui ne saura pas se maîtriser dans le manger, le boire et le sexe est à classer soit parmi ceux par qui le scandale arrive, soit parmi les serviteurs mauvais et non vigilants, soit parmi ceux que le Seigneur appelé les païens, et tous, comme nous l'avons noté, seront malheureux non seulement ici sur terre, mais aussi dans la vie à venir: ils seront, pour reprendre la lettre aux Romains, de ceux qui seront l'objet de la colère de Dieu.[129]

C'est dans les différentes épîtres du Nouveau Testament que l'allusion à ces conséquences sera plus claire. Essayons d'en retenir certains passages:
Le passage suivant de la lettre aux Romains, par exemple, nous révèle que ceux qui n'ont pas de maîtrise dans le sexe, sont à classer parmi ceux qui sont sous la colère de Dieu et qui sont ainsi livrés à leurs convoitises:

"Aussi Dieu les a-t-il livrés selon les convoitises de leur cœur à une impurté où ils avilissent eux-mêmes leurs propres corps; eux qui ont échangé la vérité de Dieu contre le mensonge, adoré et servi la créature de préférence au Créateur, qui est béni éternellement! Amen. Aussi Dieu les a-t-il livrés à des passions avilissantes: car leurs femmes ont échangé les rapports naturels pour des rapports contre nature; pareillement les hommes, délaissant l'usage naturel de la femme, ont brûlé de désir les uns pour les autres, perpétrant l'infamie d'homme à homme et recevant en leurs personnes l'inévitable salaire de leur égarement."[130]

"Quand à la fornification, à l'impureté sous toutes ses formes, ou encore à la cupidité, que leurs noms ne soient même pas prononcés parmi vous: c'est ce qui sied à des saints. De même pour les grossiërtés, les inepties, les facéties: tout cela ne convient guère; faites entendre plutôt des actions de grâces. Car, sachez-le bien, ni le fornicateur, ni le débauché, ni le cupide – qui est un idôlatre – n'ont droit à l'héritage dans le Royaume du Christ et de Dieu. Que nul ne vous abuse par de vaines raisons: ce sont bien de tels désordres qui attirent la colère de Dieu sur ceux qui lui résistent. N'ayez donc rien de commun avec eux. (...) Ne vous enivrez pas de vin: on n'y trouve que libertinage."[131]

"Mortifiez donc vos membres terrestres: fornification, impurté, passion coupable, mauvais désirs, et la cupidité, qui est une idolâtrie; voilà ce qui attire la colère divine sur ceux qui résistent."[132]

---

[128]Mt 24, 37-44; cfr. Lc 17, 26-27; 12, 39-40.
[129]Cfr. Rm1,18s.
[130]Rm 1, 24-27.
[131]Ep 5, 1-7.18.
[132]Cl 3, 5-6.

"L'intelligence en éveil, soyez sobres et espérez pleinement en la grâce qui doit vous être apportée par la Révélation de Jésus-Christ. En enfants obéissants, ne vous laissez pas modeler par vos passions de jadis, du temps de votre ignorance."[133]

"Mais j'ai contre toi que tu tolères Jézabel, cette femme qui se dit prophétesse; elle égare mes serviteurs, les incitant à se prostituer en mangeant des viandes immolées aux idoles. Je lui ai laissé le temps de se repentir, mais elle refuse de se repentir de ses prostitutions. Voici, je vais la jeter sur un lit de douleurs, et ses compagnons de prostitution dans une épreuve terrible, s'ils ne se repentent de leur conduite. Et ses enfants, je vais les frapper de mort: ainsi, toutes les Eglises sauront que c'est moi qui sonde les reins et les cœurs; et je vous paierai chacun selon vos œuvres."[134]

De toutes ces citations, que ce soit dans l'Ancien comme dans le Nouveau Testament, nous nous sommes rendu compte que celui ou celle qui n'a pas de maîtrise ou qui exagère dans le manger et le boire, non seulement il connaîtra des problèmes de santé (insomnie, coliques, vomissements, s'exposant ainsi à beaucoup d'autres mala-dies et s'appauvrissant toujours davantage), mais aussi il ne saura être vigilant (e) ou attentif (ve) ni pour le bien de sa vie ici sur terre, ni pour le bien de sa vie dans l'au-delà. Il sera comme ce mauvais serviteur dont parle le Seigneur Jésus chez Matthieu et Luc[135], lequel serviteur, à force de manger et boire, à force de s'enivrer, perd le con-trôle et oublie même d'être attentif pour le retour de son maître. Pour lui ou pour elle se succéderont, comme dit le livre des Proverbes, malheurs, plaintes, troubles, coups à tort et à travers.[136]

Par ailleurs et comme nous l'avions souligné ci-haut, il n'y a pas que la Parole de Dieu qui condamne le manque de maîtrise dans le manger, le boire et le sexe, et dévoile ses conséquences néfastes dans la vie de l'homme; il y a aussi la tradition négro-africaine qui, à travers plusieurs proverbes, ne cesse d'enseigner et d'avertir là dessus. Essayons d'évoquer quelques proverbes et dictons de certaines langues négro-africaines:

En Tetela, nous pouvons retenir les proverbes suivants:

- *"Lotomo ndjadi, howame ko nde konda"*, littéralement "la gourmendise est une foudre, si tu t'y accroches elle te foudroie". Une façon pour la culture négro-africaine tétera de prévenir tout celui ou toute celle qui desirerait se distinguer dans le manger et le boire.
- *"Yonona akavu la mboko"*, littéralement "la petite fourmi est morte en voulant coûte que coûte finir le grain de maìs autant de fois plus grand qu'elle. La culture tétera appelle ici à ne pas exagérer dans le manger, car la mort s'en suit.
- *"Dikoho mbete onto djele"*, littéralement, "le gobelet (image du vin que l'on boit en utilisant le gobelet) rend l'homme sans valeur". Une façon pour la tradition

[133]1P 1, 13-14.
[134]Ap 2, 20-23.
[135]Cfr Mt 24, 45-51; Lc 12, 42-46.
[136]Cfr.Pr 23, 20-35.

tétera de dire aux hommes que dans le boire, l'homme perd facilement sa dignité. Il faut donc avoir de la maîtrise dans le boire pour ne pas dévaloriser son humanité.

– *"Tonoke wanu wa kyaka l'opedi",* disent les Asambala, littéralement "Ne bois pas de façon exagérée, sinon tu te vides". C'est pour dire combien par le man-que de contrôle dans le boire, l'homme se diminue et se vide lui-même de sa dignité.

– *"Loseno la pwepwe mbecaka oto osadi"*, littéralement "la prostitution vide l'homme ou la femme de tout son poids comme homme ou comme femme. Tout celui ou toute celle qui s'y donne devient léger ou légère.

En Tshiluba, nous pouvons retenir les proverbes suivants:

– *"Mbuji utu udila bula bua monsi wenda",* littéralement "la chèvre broute selon la longueur de la corde à laquelle elle est attachée. Ceci pour enseigner qu'il faut, pour mieux vivre, avoir une mesure dans ses appétits.

– *"Badiadia badiadia, wakafuisha bayenda muitu",* littéralement "en voulant manger comme les autres, une certaine femme mariée avait fait mourir son mari dans la forêt". Ceci pour dire qu'une femme ou un homme toujours exigeante ou exigent dans le manger, le boire et même le sexe peut facilement faire mourir même son conjoint ou sa conjointe. Il faut toujours une limite dans tout.

– *"Manseba ngulungu, wadia wadipima"*, littéralement "Oncle maternel antilope, en mangeant, il faut toujours évaluer ses capacités". Ceci est tiré d'une fable luba dans laquelle le lièvre disait à son oncle de ne pas exagérer en mangeant, car la voie de sortie de là où ils étaient était si petite, qu'il fallait toujours en tenir compte. Ce qui revient à dire que tout celui ou toute celle qui ne se contrôle pas, s'engage dans une voie sans issue.

– *"Mukaji nkaseba ka kabundi, kabaya kukasomba babidi"*, littéralement "la femme est une petite peau de lièvre sur laquelle ne peuvent se mettre deux personnes". Ceci pour dire que la femme ne peut avoir deux hommes comme maris. Ce proverbe ne s'adresse pas seulement aux femmes, mais aussi aux hommes. Tous, en effet, doivent savoir que la femme est destinée à un seul homme et non à deux. C'est un principe qu'il faut respecter, pour mieux vivre en communauté.

En Kikongo, retenons le proverbe suivant:

– *"Luzingu ya mutu, kisalu, kopo ve"*, littéralement " la vie d'un homme, c'est le travail et non le gobelet". Ceci pour dire que pour vivre comme homme, ce n'est pas dans la boisson qu'il faut se distinguer, mais dans le travail; ceux ou celles qui se distinguent dans la boisson ne sont pas des hommes dignes de ce nom.

13. Treizième source de malheurs dans la vie de l'homme: le mal fait aux envoyés ou serviteurs de notre Seigneur Jésus-Christ.

Pour nous faire comprendre combien il est important pour tous les hommes de respecter, d'écouter, d'aimer, d'aider et, par conséquent, d'éviter par tous les moyens de faire du mal à ses envoyés, Jésus, dans tous les 4 évangiles, s'identifie régulièrement à eux et ajoute même qu'il y a un lien très étroit entre ces derniers, Jésus et Dieu le Père Tout-Puissant :

"En vérité, en vérité, je vous le dis, qui accueille celui que j'aurai envoyé m'accueille; et celui qui m'accueille, accueille celui qui m'a envoyé"(Jn 13, 20).

"Qui vous écoute, dit-il à ses apôtres, m'écoute, qui vous rejette me rejette, et qui me rejette rejette Celui qui m'a envoyé"(Lc 10, 16).

"Qui vous accueille m'accueille, et qui m'accueille accueille Celui qui m'a envoyé"(Mt 10, 40).

"Quiconque vous donnera à boire un verre d'eau pour ce motif que vous êtes au Christ, en vérité, je vous le dis, il ne perdra pas sa récompense"(Mc 9, 41).

De toutes ces citations, nous pouvons donc retenir que, pour notre Seigneur Jésus-Christ, ses disciples ou ses envoyés sont le Christ lui-même en personne (sont les alter Christi). On ne peut donc prétendre ni connaître, ni aimer le Christ ou croire en lui, sans le reconnaître dans ses disciples, sans accueillir ces derniers, sans les écouter, les respecter et les aider dans la mission qu'ils ont reçue du Christ lui-même.

Aussi le Seigneur devient-il très sévère envers tous ceux qui leur feront du mal ou leur manifesteront de l'indifférence :
"C'est pourquoi, voici que j'envoie vers vous des prophètes, des sages et des scribes; vous en tuerez et mettrez en croix, vous en flagellerez dans vos synagogues et pourchasserez de ville en ville, pour que retombe sur vous tout le sang innocent répandu sur la terre depuis le sang de l'innocent Abel jusqu'au sang de Zacharie, fils de Barachie, que vous avez assassiné entre le sanctuaire et l'autel! En vérité, je vous le dis, tout cela va retomber sur cette génération!"(Mt 23, 34-36).

C'est dire, en d'autres termes, que pour notre Seigneur Jésus, tout celui ou toute celle qui fera souffrir ou tuer un seul de ses serviteurs prendra sur ses épaules le poids du sang de tous les hommes justes tués depuis Abel. Voilà pourquoi, il dit par ailleurs que le sort d'un tel ou d'une telle sera plus grave que celui réservé à la ville de Sodome (cfr. Lc 10, 12). Le Seigneur va jusqu'à qualifier ceux ou celles qui feront du mal à ses serviteurs de " Serpents, engeance de vipère! qui ne pourra pas échapper à la condamnation de la géhenne"(Mt 23, 33).

A ce niveau, je trouve important de rappeler aux envoyés de Jésus, non seulement qu'ils ne doivent pas être surpris de rencontrer des situations difficiles de rejet, de calomnie, d'injure, de souffrance et même de mort, jusqu'au point de se décourager, de se plaindre toujours ou d'abandonner, mais aussi et surtout qu'ils doivent toujours se référer à Celui qui les a envoyés et à ce qu'il leur dit à ce sujet. Nous rappelons ici certaines des paroles que Jésus adresse à ceux et celles qu'il choisit, pour les prévenir sur ce qui leur arrivera, après son choix sur eux :

"Si le monde vous hait, sachez que moi, il m'a pris en haine avant vous. Si vous étiez du monde, le monde aimerait son bien; mais parce que vous n'êtes pas du monde, puisque mon choix vous a tirés du monde, pour cette raison, le monde vous hait. Rappelez-vous la parole que je vous ai dite : Le serviteur n'est pas plus grand que son maître. S'ils m'ont persécuté, vous aussi, ils vous persésécuront; s'ils ont gardé ma parole, la vôtre aussi, ils la garderont. Mais tout cela, ils le feront

contre vous à cause de mon nom, parce qu'ils ne connaissent pas celui qui m'a envoyé."[137]

"Méfiez-vous des hommes: ils vous livreront aux sanhédrins et vous flagelleront dans leurs synagogues; vous serez traduits devant des gouverneurs et des rois, à cause de moi, pour rendre témoignage en face d'eux et des païens. Mais, lorsqu'on vous *livrera, ne cherchez pas avec inquiétude comment parler ou que dire: ce que vous aurez à dire vous sera donné sur le moment, car ce n'est pas vous qui parlerez, mais l'Esprit de votre Père qui parlera en vous. Le frère livrera son frère à la mort, et le père son enfant; les enfants se dresseront contre leurs parents et les feront mourir. Et vous serez haïs de tous à cause de mon nom, mais celui qui aura tenu bon jusqu'au bout, celui-là sera sauvé." (...) Le disciple n'est pas au-dessus du Maître, ni le serviteur au-dessus de son patron. Il suffit pour le disciple qu'il devienne comme son maître, et le serviteur comme son patron. Du moment qu'ils ont traité de Béelzéboul le maître de maison, que ne diront-ils pas de sa maisonnée! (...) Ne craignez rien de ceux qui tuent le corps, mais ne peuvent tuer l'âme; craignez plutôt celui qui peut perdre dans la géhenne à la fois l'âme et le corps. Ne vend-on pas deux passereaux pour un as? Et pas un d'entre eux ne tombera au sol à l'insu de votre Père! Et vous donc! Vos cheveux même sont tous comptés! Soyez donc sans crainte; vous valez mieux, vous, qu'une multitude de passereaux."*[138]

"Appelant à lui la foule en même temps que ses disciples, il leur dit : 'Si quelqu'un veut venir à ma suite, qu'il se renie lui-même, qu'il se charge de sa croix, et qu'il me suive. Qui veut en effet sauver sa vie la perdra, mais qui perdra sa vie à cause de moi et de l'Evangile la sauvera. Que sert donc à l'homme de gagner le monde entier, s'il ruine sa propre vie? Et que peut donner l'homme en échange de sa propre vie? Car celui qui aura rougi de moi et de mes paroles dans cette génération adultère et pécheresse, le Fils de l'homme aussi rougira de lui, quand il viendra dans la gloire de son Père avec les saints anges."[139]

Ayant compris très bien cette logique du Seigneur, saint Pierre encourage aussi les disciples éprouvés en ces termes:

"Très chers, ne jugez pas étrange l'incendie qui sévit au milieu de vous pour vous éprouver, comme s'il vous survenait quelque chose d'étrange. Mais, dans la mesure où vous participez aux souffrances du Christ, réjouissez-vous, afin que, lors de la révélation de sa gloire, vous soyez aussi dans la joie et l'allégresse. Heureux, si vous êtes outragés pour le nom du Christ, car l'Esprit de gloire, l'Esprit de Dieu repose sur vous."[140]

De toutes ces citations et tant d'autres encore, nous pouvons donc retenir, non seulement que le choix que Jésus porte sur ses disciples, loin de garantir une certaine sécurité sur cette terre, attire plutôt une inimitié toujours plus grande du monde, mais aussi, et c'est cela le plus important, ce choix de Jésus renforce l'intimité aussi bien entre Jésus et ses choisis que entre ces derniers et le Père Tout-puissant qui, loin d'abandonner les siens, veille sur eux et prend même soin de leurs simples cheveux. La souffrance ou les difficultés, et même la mort, qu'ils auront à endurer au nom de Jésus ne sont pas la fin pour eux. Leur fin est déjà connue d'avance : c'est **la victoire et la vie éternelles**. Et ce jour-là, dit le Seigneur, leur joie sera plus grande, et cette joie, nul ne la leur enlèvera. Aussi, après leur avoir longuement parlé de la mission qu'il leur confie, des exigences de cette dernière et des conséquences qui en découlent aussi bien

---

[137]Jn 15, 18-21.
[138]Mt 10, 17-22.24-25.28-31.
[139]Mc 8, 34-38.
[140]1P 4, 12-14.

dans ce monde que dans l'au-delà, le Seigneur Jésus finit-il avec ces paroles, de haute portée prophétique et de très grand encouragement pour tous ses disciples :

"Je vous ai dit ces choses, pour que vous ayez la paix en moi. Dans le monde vous aurez à souffrir. Mais gardez courage! Moi, j'ai bien vaincu le monde."[141]

Avec cette première partie de notre méditation (partie dans laquelle nous avons cherché, en partant de ce que nous disent la parole de Dieu et la sagesse de la culture négro-africaine, les sources de certains malheurs et de certaines souffrances qui arrivent dans la vie des hommes), la souffrance dans la vie de l'homme risquerait, si on se limitait là, d'apparaître comme étant uniquement une punition, conséquence du péché ou de la méconduite. Ce qui serait une erreur grave dans la compréhension de ce mystère qu'est le mal et/ou la souffrance dans la vie d'un homme.

En effet, il faut vite noter qu'il y a aussi des hommes et des femmes qui, sans avoir commis ni faute, ni péché, ni s'être méconduits, tombent aussi victimes soit de la souffrance ou du mal, soit de la maladie, soit des accidents, soit de la mort. Il faut donc, sans pour autant négliger cette première partie, aller encore plus loin dans nos recherches et notre compréhension, pour expliquer même le mal et/ou la souffrance qui peut atteindre et atteint aussi bien les coupables que les innocents.

Ainsi, dans cette deuxième partie de notre méditation, en référence particulière au saint pape Jean-Paul II, à sa vie et à sa compréhension de la souffrance dans la vie de l'homme, nous parlerons d'une lecture chrétienne de la souffrance humaine.

---

[141]Jn 16, 33.

IIème Partie: Lecture chrétienne du mal et/ou de la souffrance dans la vie d'un homme.

Bien qu'il soit important et même nécessaire de ne pas négliger ce qui a été développé ci-haut et qui va aussi dans la logique de ce que Jésus lui-même disait[142], il est cependant très vrai que, se limiter uniquement à cela, serait une lacune grave dans la bonne compréhension de la souffrance humaine qui atteint aussi bien les coupables que les innocents, et accuserait en même temps une compréhension partielle de la Parole de Dieu.

Pour ne pas tomber dans ce manquement, nous nous sommes dit d'entreprendre cette deuxième partie, dans laquelle nous devons présenter une autre lecture qui permet, non pas d'exclure ce qui a été dit précédemment, mais de comprendre autrement ce mystère qu'est la souffrance humaine, pour arriver à justifier le fait qu'elle puisse atteindre aussi bien les coupables que les innocents.

Pour ce faire, nous allons, non sans raisons majeurs, nous référer de façon particulière à la façon dont le saint pape Jean-Paul II a vécu, comprend et présente la souffrance humaine.

En effet, parmi les raisons qui nous ont poussé à nous référer à ce saint homme et à sa façon de comprendre et de présenter la souffrance humaine, il n'y a pas que la longueur et l'intensité de son pontificat et l'expérience de la souffrance qu'il a faite à toutes les étapes de sa vie, mais il y a aussi les réflexions qu'il en a faites dans ses multiples écrits et déclarations dont les éclaircissements, renvoyant aux souffrances salvifiques et rédemptrices du Christ, permettent de mieux comprendre les coins et recoins de ce mystère qu'est la souffrance humaine.

Nous allons donc, pour ce qui est de cette seconde partie, reprendre ici un travail que nous avions fait au niveau de licence, dans le cadre du cours intitulé “La Spiritualité di Giovanni Paolo II”(La Spiritualité de Jean-Paul II), travail que nous avions présenté sous le titre suivant: “La spiritualità della sofferenza secondo Giovanni Paolo II”(La spiritualité de la souffrance selon Jean-Paul II).

Ainsi donc, en se référant au saint pape Jean-Palu II (sa vie et ses écrits sur le sens de la souffrance humaine) et à ce travail que nous avions fait sur lui, nous allons subdiviser cette deuxième partie en quatre points suivants:

- Lecture non-chrétienne de la souffrance humaine;
- L'expérience de la souffrance : De Karol Wojtyla à Jean-Paul II: “Homme de douleurs”;
- L'analyse de la souffrance humaine dans les paroles et les écrits de Jean-Paul II;

[142]Mt 5, 17-19.

– Lecture chrétienne de la souffrance humaine selon Jean-Paul II.

II. 1. Lecture non-chrétienne de la souffrance humaine.

Même pour le premier point de cette partie, nous allons toujours nous référer à Karol Wojtyla. En effet, dans sa pièce théâtrale intitulée “Giobbe. Dramma dell'Antico Testamento”, il nous donne une lecture non-chrétienne de la souffrance humaine représentée dans le texte aussi bien par les 3 amis de Job que par sa femme et par le chœur des serviteurs. A leur lecture erronée de la souffrance, le principal acteur, qui est Job, aidé par le jeune prophète (Eliu), s'oppose de tout cœur, parce qu'étant lui-même victime de la souffrance et des malheurs, alors qu'il est innocent et qu'il ne se reproche de rien. Il faut donc, selon lui, chercher à expliquer et comprendre autrement la souffrance humaine qui peut frapper aussi bien les coupables, à cause de leurs fautes bien sûr, que les innocents, qui ne se reprochent de rien.

Dans cette pièce théâtrale dramatique donc, Karol Wojtyla fait une présentation de la souffrance humaine qui ne se limite pas seulement à la conséquence d'un péché, d'un manquement ou d'une méconduite, mais qui va au-delà; car la souffrance humaine peut aussi atteindre des innocents. Et c'est le cas justement de Job, l'acteur principal dans la pièce qui, en répondant à ses trois amis, au chœur de ses serviteurs et à sa femme, qui veulent coûte que coûte lui faire croire que les malheurs ou la souffrance qui lui arrivent sont certainement une conséquence soit de sa méconduite, soit de son péché, soit de son manquement, conscient ou inconscient, et qu'il doit, pour ce faire, reconnaître ses fautes et se repentir pour espérer le pardon divin.

Le point de départ de cette œuvre théâtrale dramatique est, comme l'indique l'auteur lui-même, un épisode de l'Ancien Testament: l'histoire de Job qui, en un instant, perd non seulement ses fils et ses filles, mais aussi tout ce qu'il possédait, mais que le Seigneur, par après, rétablit dans son état d'avant. Aussi présente-t-il, dans une lettre écrite en été 1940 à son ami du nom de Mieczyslaw Kotlarczyk, son œuvre presqu'en ces termes: Voici comment les choses se déroulent dans mon travail: Les voisins de Job viennent à une fête chez lui, dans sa maison. Job les accueille à l'entrée. Toutefois, avant qu'il ne puisse les accompagner au-dessus, arrivent l'un après l'autre des messages terribles. Terrifiés, l'ensemble des hôtes se disperse, pour retourner comme un ensemble de plaignants. En effet, ils sont tous convaincus que les disgrâces de Job sont causées par ses péchés secrets, car de publiques, ils n'en connaissent pas. Mais avant que n'arrive ce groupe des plaignants, Job – après avoir récité un long monologue et s'être aspergé la tête avec de la cendre – reçoit la visite de trois amis. Dans un dramatique dialogue avec ces derniers, commence à développer l'idée selon laquelle la souffrance n'est pas toujours une punition, mais peut parfois être, et souvent l'est, un présage. C'est ce que pense Job quand, après une première impulsion de rébellion, ses réflexions le conduisent à la conviction qu'il existe une Justice suprême, une Harmonie qui embrasse tout. Toutefois, il ne réussit pas encore à comprendre pourquoi c'est seulement lui, le juste, qui soit objet de la punition de Dieu. Il sera aidé par un jeune prophète Eliu. En effet, ayant appris tout ce qui est arrivé à son ami Job, Eliu vient chez Job et en sa présence il a une vision prophétique: il voit la passion du Christ. Eliu montre la signification positive de la souffrance (souffrance comme présage). Il y a certains fragments de sa vision: nous voyons l'ange qui, sur un rayon de lumière, descend dans le jardin des olives avec une coupe; à la fin nous pouvons voir, sur le rayon de l'aube, le profil du calvaire et la croix. Le drame commence avec un prologue et termine avec un épilogue.[143]

De ce qui précède, Giovanni Reale constate que l'objectif visé par l'auteur de cette pièce théâtrale est de *"relegare la storia di Giobbe ad altri tempi storici e rivelare le sue applicazioni con quella del suo tempo: il primo anno della seconda guerra mondiale."*[144] (relier l'histoire de Job aux autres temps historiques et révéler ses applications avec son temps: la première année de la seconde guerre mondiale.).

On comprend alors pourquoi, dans la dédicace de cette œuvre, l'auteur présente cette histoire de Job, non seulement comme celle qui s'est déroulée dans l'Ancien Testament, avant la venue du Christ, mais aussi comme celle de nos jours que lui appelle le temps de Job (*"il tempo di Giobbe per la Polonia e il mondo")*. En effet, comme du temps de Job, le pays de l'auteur et le monde entier en guerre et souffrants, attendent de voir la justice et le *"testament du Christ"* s'accomplir. Et dans le prologue, l'auteur souligne davantage ce parallélisme, en présentant ceux qui sont opprimés, *"flagelés"*, condamnés à des travaux forcés comme d'autres *"Job"*. Eux aussi avaient vécu dans l'abondance et étaient trouvés pris *"du fond de leurs grabats, ensevelis dans la cendre*

---

[143]WOJITYLA, K., *Tutte le opere letterarie...*, pp. 269-270: *"Nel mio lavoro le cose vanno così. I vicini di Giobbe vengono a una festa in casa sua. Giobbe li accoglie sulla soglia; tuttavia, prima che egli possa accompagnarli sopra, giungono uno dopo l'altro terribili messaggi. Il coro degli ospiti terrificato si disperde, per ritornare come coro di lamentatrici. (Essi sono convinti che le dis-grazie di Giobbe siano causate dai suoi peccati segreti, perché di pubblici non ne conoscono.). Prima che arrivino le lamentatrici, Giobbe – dopo aver recitato un lungo monologo e aver cos-parso il capo di cenere – riceve la visita di tre amici. In un drammatico dialogo con loro comin-cia a svilupparsi l'idea che la sofferenza non è sempre una punizione ma talvolta può essere, e spesso lo è, un presagio. Questo pensa Giobbe quando, dopo un impulso iniziale di ribellione, le sue riflessioni lo conducono alla convinzione che esiste una Giustizia suprema, un'Armonia che tutto abbraccia. Ma non riesce ancora a capire perché proprio lui, il giusto, sia oggetto della punizione di Dio. Viene aiutato dal giovane profeta Eliu. Avendo saputo della disgrazia di Giob-be (Giobbe è suo amico), Eliu viene da lui e in sua presenza ha una visione profetica: egli vede la Passione di Cristo, l'Orto degli Ulivi, il Monte Calvario. Nessuno lo capisce tranne Giobbe.*

Alla fine, sull'esempio della Passione di Cristo, Eliu mostra il significato positivo della sofferenza (sofferenza come presagio). Sono rappresentati alcuni frammenti della sua visione: vediamo l'angelo con una coppa che scende su un raggio di luce nell'Orto degli Ulivi; alla fine possiamo vedere, sul far dell'alba, il profilo del Calvario e la Croce. Il dramma comincia con un Prologo, termina con un Epilogo."

[144]REALE, G. dans WOJITYLA, K. , *Tutte le opere letterarie...*, p.273.

expiatoire". Comme Job, ils devraient vivre dans l'espérance que leur "Rédempteur est vivant" et s'imprégner du sens chrétien de la souffrance humaine qui est le sens le plus élevé possible: Et le Fils de Dieu posa le fondement de sa Nouvelle Loi faite de sacrifice, de douleur, de tourment. Voici la douleur qui forme les bases, voici la douleur qui transforme et qui imprime la Nouvelle Loi dans les cœurs, comme dans un nouveau jour de la création. Voilà une tragédie de la souffrance.[145]

Mais comme le titre de ce premier point est "la lecture non-chrétienne de la souffrance humaine" et que nous allons, dans le troisième point, parler de l'analyse de la souffrance dans les écrits et les paroles de Karol Wojtyla et pape Jean-Paul II, intéressons-nous ici seulement aux discours des trois amis de Job, du chœur de ses invités et de sa femme qui, dans cette œuvre, représentent cette façon de comprendre la souffrance humaine, c'est-à-dire uniquement comme conséquence du mal que l'on a fait, dit ou pensé, ou encore de l'omission ou du refus de faire du bien que l'on devrait faire. Compréhension qui a été aussi, comme nous l'avons vu, soutenue dans la première partie de ce livre.

En effet, le professeur Turchi Anthos, qui, dans son ouvrage sur l'origine du mal et/ou de la souffrance, commentant aussi les propos des trois amis de Job, trouve que ces derniers traduisent l'explication classique du mal, soit qu'il est fruit d'un péché, ou est fruit d'un certain éloignement de Dieu, ou est le fruit d'un état naturel qui fait que personne n'est pur devant Dieu.[146]

Passons donc en revue les propos d'un à un, pour nous en rendre compte:

1) Le chœur des invités:
Après avoir suivi tous les messagers qui venaient annoncer à Job les malheurs qui venaient de s'abattre sur tous ses enfants, sur ses biens, sur tous ses élevages et sur ses serviteurs, les invités, paniqués, laissent Job seul, non sans lui avoir dit ce qu'ils pensaient de tout cela:

1. Le Seigneur a abattu sur toi les poutres de la case-
2. Sa fondation est secouée-
3. Et toute la construction est écroulée-
4. Tu n'as plus un bœuf, tu n'as pas une charrue-
5. Le Seigneur, le Juste, t'a humilié-
6. Il a semé la mauvaise herme dans ta prairie-
7. Et il a brulé tes biens-

---

[145]WOJITYLA, K., *Tutte le opere letterarie...*, p.274: *"E il Figlio di Dio pose le fondamenta, della sua Legge Nuova fatte di sacrificio, di dolore, di tormento. Ecco il dolore che forma le basi, ecco il dolore che trasforma e che imprime la Nuova Legge nei cuori, come in un nuovo giorno della creazione. Questa è una tragedia sulla sofferenza."*

[146]TURCHI, A., *L'uomo di fronte al male...*, p. 147: *"ossia che essa è frutto di un peccato, o è frutto di un qualche allontanamento da Dio, o è il frutto di uno stato di natura che fa sì che nessuno è puro davanti a Dio"*.

8. Tu es la proie des oiseaux noirs porteurs des malheurs-
9. Couvre-tu la tête avec de la cendre-
10. Parce que nous sommes pris de la frayeur-
11. Nous reviendrons pour soulager tes maux-
12. Allume la flamme devant le Seigneur- Repends-toi de tes péchés.[147]

Yahvé, nous t'en prions, prends pitié pour la maison du pécheur,
et donne ta grâce, freine la colère, oublie les péchés,
parce qu'il est faible et ne trouve pas d'aide;
parce qu'il est faible, pécheur, petit.
Jahvé, tiens le vent à ton lien -
qu'il ne nuit pas, oublie les péchés, rompt le mauvais aux enchères, chasse le mal -
Il faut prier, soutenir ses bras -
chasse le mal de cette tête, de ce pavement
Jahvé-
Pardonne ses péchés – pardonne ses grands péchés.
Il n'est pas digne, il n'est pas digne, il n'est pas digne -
Ecoutes, oh Seigneur, nos prières,
même si lui est pécheur, est petit, est mauvais.[148]

2) Les trois amis de Job:

---

[147]WOJITYLA, K., *Tutte le opere letterarie...*, p. 323:
"1. Il Signore ha abbattuto su di te le travi della casa-
2. Si sono mosse le sue fondamenta-
3. E tutta la costruzione è crollata-
4. Non hai più un bue, non hai un aratro-
5. Ti ha umiliato il Signore, il Giusto-
6. Ha seminato sui tuoi prati la gramigna-
7. E ha bruciato con il fuoco i tuoi beni-
8. Sei preda dei neri uccelli di sventura-
9. Copriti il capo di cenere-
10.Perché siamo presi dallo spavento-
11.Torneremo per alleviare i tuoi mali-
12.Accendi la fiamma davanti al Signore-Pentiti dei tuoi peccati."

[148]WOJITYLA, K., *Tutte le opere letterarie...*, p. 363: "Jahvè-
Abbi pietà, Ti preghiamo, per la casa del peccatore,
e dona la Tua grazia, frena l'ira, scorda i peccati-
perché egli è debole, e non trova aiuto-
perché è debole, è peccatore, è piccolo.
Jahvè-
Prendi al Tuo laccio il vento – che non nuoccia,
ascorda i peccati, rompi il malvagio incanto, scaccia il male.-
Occorre pregare, sostenere le sue braccia
- scaccia il male da questo tetto, da questo pavimento.
Jahvè-
Rimetti i suoi peccati – rimetti i suoi grandi peccati.
Non è degno, non è degno, non è degno -
Ascolta, o Signore, le nostre preghiere,
anche se lui è peccatore, è piccolo, è malvagio."

a) Elifaz: Nous sommes venus, parce que nous avons vu le feu à travers les montagnes, où tes troupeaux étaient en pâturage. De là nous est venue, à l'improviste, une nouvelle: Job brûle, puis les Sabéens ont attaqué, les Chaldéens ont ravi tes troupeaux dans la steppe, et te voilà indigent. Aussi ai-je demandé à mes gentils voisins et amis de m'accompagner, pour rendre visite à Job dans sa douleur. Nous étions déjà en voyage quand un courrier nous a rencontrés et nous a donné la nouvelle de tes enfants.[149]

Tu ne réussis pas à dominer la douleur? Pourquoi la douleur te jette à terre? Pourquoi tu maudis? N'es-tu plus fort? N'étais-tu pas appelé le juste par tous? Ta renommée n'atteignait-elle pas le monde entier et toi tu n'arrives plus à dominer ta douleur? Tu ne sais plus rester fort, et ne fais plus que maudire la lumière du soleil, la lumière de Dieu? Es-tu ainsi fort, ainsi faible?[150]

Jamais un innocent a souffert, mais le mauvais, qui emprunte le chemin du mal, et ainsi ne réussit pas à supporter la douleur.[151]

S'il en est ainsi, alors ton destin changera. Jahvé est grand. Nous croyons que ton malheur changera; mais toi, tu dois être fort dans la douleur. Si tu es innocent, le malheur s'éloignera de toi. Il n'y a pas que celui qui a péché qui souffre, mais tu dois être fort dans la douleur.[152]

Nous sommes venus te voir comme des amis et nous disons la vérité du Seigneur[153]
Nous te disons seulement la vérité que le Seigneur a révélée aux prophètes.[154]
Tu ne dois pas nous offenser alors que nous sommes venus te visiter.[155]

b) Bildad il Suchita (Bildad, le Suchite) :
Si tu es juste, ne le Lui demande pas,
parce que l'affliction n'entre pas dans un cœur pur.[156]

Il n'est pas permis pour toi de parler, mieux vaut te taire.[157]

Le mieux pour toi, c'est de te taire, Job.
La bouche inique brûle à cause du péché.[158]

Tais-toi, parce que tu offenses Yahvé, avec ces paroles et discours!

---

[149]Ibidem, pp. 333-335.
[150]Ibidem, p. 335.
[151]Ibidem, p. 337.
[152]Ibidem.
[153]Ibidem.
[154]Ibidem, p. 339.
[155]Idem: – *"Non devi offenderci, mentre siamo venuti a visitarti."*
[156]Ibidem, p. 341.
[157]Idem: – *"A te non è lecito. - Taci, piuttosto."*
[158]Ibidem, p. 343.

Tais-toi, parce que tu parles comme un impie.[159]

Pour que tu arrêtes de pécher en parlant,
saches que la justice est récompensée,
le pécheur est abattu et écrasé,
le pécheur est frappé par la foudre divine,
le pécheur diminuera dans le mal et mourra.
Seule la souche des pécheurs sera punie.
Dieu seul punit et ne discute pas de son droit de punir.[160]
Si tu es juste, la pitié te comblera;
si tu es un juste, la grâce te retournera;
la pitié retournera, si tu es un homme droit,
si ton cœur n'est pas coupable, tout te retournera en ordre.[161]
Si tu te relevais, si tu te repentais,
vite la lumière jaillirait en toi.
Nous nous ne maudissons pas. Nous disons seulement la vérité.[162]

Que devons-nous te dire?
Tu sais toi-même ce que le Seigneur attend d'un pécheur.
Je crains qu'il oublie sa miséricorde par le fait que ton âme manque d'humilité.[163]
c) Zofar il Naamatita (Zofar, le Naamatite):
Tu as contaminé tes lèvres avec la sottise
et il y a beaucoup de folie dans ta bouche!
Tu affirmes d'être pur, tu fais toujours du bla-bla,
et dans le péché tu oses évoquer Dieu.[164]

Nous comprenons que tu es dans le péché,
que pour tout péché il y a punition et vengence.[165]

Tes propres paroles témoignent que tu es plongé dans l'iniquité.[166]

Peut-être n'as-tu pas eu assez de biens?
Et maintenant tu es entrain de Le reprocher,
alors qu'Il t'en avait assez donné. Te voilà impie.[167]

---

[159]Idem: – *"Taci, perché tu offendi Jahvè*
con queste parole e discorsi!-
Taci, perché tu parli da empio."

[160]Ibidem, pp. 343-345.

[161]Ibidem, p. 345.

[162]Ibidem, p. 353.

[163]Ibidem, pp. 357-361.

[164]Ibidem, pp. 347-349

[165]Ibidem, p. 349

[166]Idem: – *"Le tue stesse parole testimoniano*
che tu sei immerso nell'iniquità."

[167]Ibidem, p. 353

Que pouvons-nous te dire?
Rechauffe ta foi et répens-toi, purifie ton âme. …
Toi tu n'es pas pur: crache les paroles, paroles crasseuses;
offense ainsi les oreilles.
Rappelle-toi de la Miséricorde. …
Où te porte ainsi la tentation, sinon dans l'enfer?[168]

Dans cette œuvre du saint pape Jean-Paul II, il n'y a pas que ses serviteurs et ses amis qui ont une compréhension limitée de la souffrance humaine (c'est-à-dire comme seules conséquences d'un manquement aux commandements de Dieu et de la société ou d'un mal fait à l'homme), mais il y a aussi sa femme, qui ne cesse de douter de l'innocence que Job clame tout haut. Passons aussi en revue ses déclarations pour mieux nous en rendre compte:

3) La femme de Job:
Cesse de parler, lui dit-elle. Ne gaspille pas des paroles.[169]

Bénis le Seigneur et meurs-
Jusqu'à quand seras-tu dans l'obscurité-
Jusqu'à quand appeleras-tu des temoins-
Jusqu'à quand prononceras-tu des paroles?
Bénis le Seigneur et meurs-[170]

Ça se voit clairement qu'en secret tu péchais,
Ça se voit- que le Seigneur a rejeté ta maison
et la renverse comme une navire-
Bénis-Le, je te le dis; et finis tes jours.[171]

Ça se voit que devant Lui un indigne est probe,
et qu'un juste (comme tu prétend l'être) ne lui est pas cher.[172]
Ces paroles m'échappent: Tu te rappelles seulement
combien nous étions honnêtes,
combien nous Lui plaisions-
- je t'étais fidèle – tu te rappelles-
Et aujourd'hui, regarde, nous ne sommes plus que des débris.[173]
Aujourd'hui, tout tombe et va en ruine-
Bénis-Le et meurs,
pour ne pas tomber dans des paroles obscènes.

---

[168]Ibidem, pp. 357-361
[169]Ibidem, p. 365
[170]Ibidem, pp: 365-367
[171]Ibidem, p. 367
[172]Idem: "Si vede che davanti a Lui è probo un indegno,
e che un Guisto non Gli è caro."
[173]Ibidem, p. 369

Oh! Job – mon mari – Job – Job.[174]
Ne parles pas – gardes les paroles – malheureux.[175]

Comme on peut bien s'en rendre compte, ces 3 groupes (composés des serviteurs de Job, de 3 amis de Job et de la femme de Job) représentent vraiment la première compréhension de la souffrance humaine dont nous avons dit ci-haut qu'elle était incomplète, parce qu'elle ne voyait la souffrance ou le malheur qui peut arriver dans la vie de l'homme uniquement comme conséquence d'un manquement aux différents commandements de Dieu et de la communauté. Dans une telle compréhension, nous ne saurons jamais comprendre totalement le mystère de la souffrance dans la vie de l'homme et ne saurons jamais expliquer le fait qu'elle peut frapper aussi un innocent, qui n'a rien fait de mal et accomplit quotidiennement les commandements divins. D'où pour nous la nécessité de passer maintenant en revue la vie et les écrits d'un homme qui, non seulement a vécu la souffrance de manière particulière dans sa vie, mais aussi cherché à la comprendre et à l'expliquer autrement, de façon à nous préparer et à nous introduire dans la compréhension chrétienne de ce mystère qu'est la souffrance dans la vie de l'homme. C'est dire, en d'autres termes, que nous allons, avant de passer à la lecture chrétienne de la souffrance, parler (au deuxième point de cette partie) de l'expérience de la souffrance dans la vie d'un saint homme, à savoir: le pape Jean-Paul II, et (au troisième point) de l'analyse de la souffrance dans les discours et les écrits de Karol Wojtyla à Jean-Paul II.

II. 2. L'expérience de la souffrance dans la vie d'un saint homme. De Karol Wojtyla à Jean-Paul II: “Homme de douleurs”.

L'emploi de ce qualificatif, “Homme de douleurs”, – qualificatif que nous avions emprunté au prophète Isaïe, qui parlait du “Serviteur souffrant” de Yahvé comme “Homme de douleurs” –, se justifie très bien en rapport à cet homme qui, à presque toutes les étapes de sa vie, a fait l'expérience de la souffrance.

Mais ce qui est encore très intéressant et qui nous a poussé aussi à nous intéresser à lui, c'est le fait que – comme le souligne aussi George Weigel[176] –, malgré les évènements traumatiques qui caractérisent ses premières années de vie et les différentes souffrances qu'il va connaitre tout au long de sa vie, il aurait pu conclure à l'irrationalité ou à l'absurdité de la vie humaine et sombrer dans le pessimisme; mais lui, par contre, arrive à une conclusion diverse: à la dimension salvifique de la souffrance et à l'espérance.

---

[174]Idem: “Oggi tutto crolla, e va in rovina-
BenediciLo e muori,
per non cadere in parole turpi.
O Giobbe – mio marito – Giobbe – Giobbe.”
[175]Ibidem, p. 371
[176]Cfr. WEIGEL, G., Testimone della speranza. La vita di Giovanni Paolo II, (in due volumi), p.11.

Essayons de retracer ici, en nous référant au livre de George Weigel écrit en deux volumes, les différentes souffrances vécues par le pape Jean-Paul II, dans presque toutes les étapes de sa vie; lesquelles souffrances nous révèlent qu'il était non seulement un “homme de douleurs”, mais aussi d'espérance et de grande foi.

En effet, né le 18 mai 1920 a Wadonic et baptisé le 20 juin de la même année, Karol Wojtyla perd sa mère très vite, le 13 avril 1929, quand il ne terminait que la troisième élémentaire. Sa mère n'avait alors que 45 ans d'âge. Elle était souvent malade et est morte d'insuffisance rénale et cardiopathie congénitale. Ce qui signifie que la souffrance de Karol Wojtyla ne commence pas seulement avec la mort de sa mère, quand lui n'avait que 9 ans, mais bien avant, parce que sa mère était, comme nous le confirme G.Weigel, souvent malade[177]. Car, jamais un enfant de moins de 9 ans peut être heureux de voir sa mère souvent malade.

Et puis, le 5 décembre 1932, c'est le tour de son unique frère, Edmund Wojtyla, de mourir, quelques jours après avoir contracté la scarlatine d'une patiente qu'il allait soigner. Ce frère aine, infirmier de son état, n'avait que 26 ans quand il est mort. Ça ne pouvait être qu'une très grande souffrance pour le père et le jeune frère qui, trois ans avant, venaient de perdre un autre être très cher en la personne de madame Emilia Kaczarowska Wojtyla.[178]

En suite, le 01 septembre 1939, l'Allemagne envieillissait la Pologne: c'était le début de la seconde guerre mondiale. Et le 06 novembre de la même année, 184 professeurs de l'université Jagellonique (Università Jagellonica) sont arrêtés et déportés à Sachsen-hausen et Karol Wojtyla commence à étudier et à développer des activités de résistance culturelle dans la clandestinité.[179] En d'autres termes, il fait aussi l'expérience de la souffrance des clandestins.

Pendant la seconde guerre mondiale et l'occupation naziste, qui a duré 6 ans, disons que la Pologne a connu en 1995 (comme le décrira le même Karol Wojtyla, déjà devenu pape Jean-Paul II) une épreuve de feu:
A déjà un demi-siècle de distance, mais tous, individus, familles, peuples, gardent encore le souvenir de ces 6 terribles années: mémoire de peur, de violences, d'extrême pénurie, de mort; expériences dramatiques de douloureuses séparations, vécues dans la privation de toute sécurité et liberté; traumatismes ineffaçables vécus à l'extrême.[180]

En septembre 1940, quand il n'avait que 20 ans, Karol Wojtyla commence à travailler, dans des conditions très difficiles, dans la cave de Zakrzowek de la Solvénie, dans laquelle la journée de travail allait de tôt le matin jusqu'à 15h00. C'est alors seulement que ce jeune homme, en combinaison de travail et sabot, rentrait à la maison, avec tout

[177]Cfr. Ibidem, p. 38
[178]Cfr. Ibidem, p. 42
[179]Cfr. Ibidem, p.56
[180]Ibidem, p. 59.

ce qu'il avait réussi à trouver dans la cave, pour lui et pour son père: un peu de charbon, quelques patates, parfois des choux ou un peu de pois. Ce salaire du jeune homme, bien que maigre, était l'unique revenu dont disposait la famille, parce que, nous révèle Weigel, les nazis avaient déjà supprimé la pension du capitaine, monsieur Wojtyla.[181]

Le 18 février 1941, son père, le capitaine Karol Wojtyla mourût aussi et à 21 ans seulement, le jeune homme se retrouva seul, sans père, sans mère, sans frère.[182] Quelle souffrance! Quelle solitude! Quelle tristesse! “Homme de douleurs, habitué de la souffrance.”

Et puis, comme si cela n'était pas encore suffisant, le 23 juillet 1951, le cardinal Adam Stefan Sapieha qui l'avait accueilli dans son séminaire clandestin, qui l'avait formé, qui l'avait finalement ordonné prêtre, qui l'avait envoyé à Rome faire une thèse de doctorat en théologie et qui l'avait accueilli à son retour et nommé, d'abord vicaire dans une petite paroisse et puis à Cracovie pour s'occuper des jeunes et des étudiants, cet homme donc, devenu sa seule famille, mourût aussi. A ce propos, George Weigel a raison d'écrire ce qui suit: “Don Karol Wojtyla pensò forse di essere rimasto ancora una volta orfano”(Don Karol Wojtyla pensa certainement d'être de nouveau resté orphelin).

En outre, même devenu archevêque et cardinal de Cracovie et puis élu 263ème successeur de saint Pierre, avec comme nom Pape Jean-Paul II, Karol Wojtyla ne reste pas hors de la souffrance. Plus il s'élève dans les responsabilités, plus les difficultés et les souffrances s'augmentent aussi. C'est à juste titre que George Weigel écrit à peu près ceci: Voilà le paradoxe: Cet homme, le plus en vue parmi les hommes est en même temps, de toutes les grandes personnalités du XX ème siècle, celle qui est la moins comprise.[183]

Toutefois, se demande Georges Weigel, pourquoi ce personnage public n'a jamais été à l'abri des critiques et des épreuves de feu? C'est, justement, répond-il lui-même, parce qu'il a été toujours “un signe de contradiction”. Sa vie, ses convictions, son enseignement ont toujours donné des réponses adéquates aux défis des temps présents.[184]

Et le 13 mai 1981, à 17h13, alors qu'il entrait sur la place Saint Pierre pour une audience publique, ce “signe de contradiction” tombe de derrière dans les bras de son secrétaire, monseigneur Dziwisz, tombe sous le coup de deux bales tirées par un certain Mehmet Ali Agca d'une Browming 9 mm semi-automatique. Il y avait aussi deux pellerins blessés ce soir là. Amené vite à l'hôpital, où il arrive perdant beaucoup de sang, le pape restera entre les mains des médecins et dimanche suivant (le 17 mai), comme il ne pouvait pas faire l'Angelus, activité à laquelle il ne voulait jamais manquer, il enverra seulement, de son lit d'hôpital, un message enregistré aux pèlerins, qui

---

[181]Cfr. Ibidem, p. 71
[182]Cfr. Ibidem, p. 86
[183]Ibidem, p. 7
[184]Ibidem, pp. 9-10

attendaient leur pape sur la place saint Pierre, entrain de prier; message dont la profondeur spirituelle, comme nous allons le voir dans le point suivant, est vraiment de mise.[185]

Mais cet attentat ne sera malheureusement pas le dernier cas de souffrance pour le pape. En effet, après sa sortie de ce coup qui aurait pu même l'emporter, il commencera à connaître diverses maladies et à s'affaiblir petit à petit. A ce sujet, Weigel écrit à peu près ceci: Pour qui travaillait avec lui, qui le voyait au diner ou au souper, le trouvait intellectuellement brillant comme toujours certes, mais notait aussi que le soir il se fatiguait plus tôt que d'habitude. La non-réussite de l'opération qu'il avait eu au niveau de la hanche en avril 1994 continuait à lui causer des douleurs. La difficulté avec laquelle il marchait le poussait à faire moins de mouvement, ce qui se traduisait par l'augmentation du poids. En 1994, on lui avait aussi diagnostiqué une forme de maladie de Parkinson qui lui causait un tremblement à la main et au bras gauche.[186]

Donc le pape a beaucoup souffert jusqu'à la dernière intervention qui l'a porté à perdre même la voix, et puis aux complications qui l'ont amené à la mort le 2 avril 2005; une mort qui a bougé le monde entier, toutes les couches confondues, comme le témoigne Weigel presqu'en ces termes: Le 2 avril, jour de la mort du pape Jean-Paul II: dans les villages africains et dans les fevelles brésiliennes, dans les grattes ciel de Manhattan et dans les bidonvilles de Calcutta, dans les cases, dans les appartements et dans les bureaux publics de chaque continent, hommes et femmes ont senti d'avoir perdu quelqu'un qu'ils aimaient, et qui les avait stimulés à vivre de façon diverse. Le monde a perçu la fin d'une existence épique.[187]

Comme on peut le voir, malgré toutes ces souffrances vécues, le pape Jean-Paul II ne se décourageait jamais ni ne perdait jamais l'espoir, parce que, depuis sa jeunesse, il avait toujours compris le sens de la souffrance humaine, s'unissant toujours aux douleurs salvifiques du Rédempteur. Voilà qui nous introduit au troisième point de cette partie, à savoir: L'analyse de la souffrance humaine dans les paroles et les écrits de Karol Wojtyla, le pape Jean-Paul II.

II. 3. L'analyse de la souffrance humaine dans les paroles et les écrits de Karol Wojtyla, le pape Jean-Paul II.

Ce qui est très important et mérite d'être souligné, ce n'est pas seulement le fait que Karol Wojtyla, le pape Jean-Paul II, ait fait l'expérience de la souffrance dans presque chaque étape de sa vie et qu'il ne se soit jamais découragé, mais aussi et surtout les idées qui ressortent de ses paroles et de ses écrits et qui nous révèlent aussi bien son espérance que sa spiritualité de la souffrance.

---

[185]Ibidem, p. 512
[186]Ibidem, p. 513
[187]Ibidem, p. 515

Premièrement, le pape souligne l'importance et l'universalité du thème de la souffrance et la nécessité de mieux l'étudier et mieux le comprendre: Le thème de la souffrance... est un thème universel qui accompagne l'homme à chaque grade de la longitude et de la latitude géographique: dans un certain sens, ce thème coexiste avec lui dans le monde, voilà pourquoi il exige d'être constamment repris.[188]

Mais, comme dans ses habitudes, le pape ne va pas se limiter seulement à demander aux autres cet effort nécessaire dans la compréhension de ce thème qu'est la souffrance, mais il va lui-même, et cela dès sa jeunesse, se livrer à cet exercice combien louable. En effet, nous dévoile Weigel, l'inscription sur la pierre tombale de son frère Edmund Wojtyla à Cracovie, *"Une victime de sa profession qui a sacrifié sa propre vie au service de l'humanité"*, avait déjà donné à Wojtyla, qui n'avait alors que 12 ans, une leçon sur la volonté de Dieu à laquelle il attribuait l'autosacrifice de son frère, chaque fois que les voisins cherchaient de le consoler.[189]

Et, dans la lettre qu'il avait écrite le 2 novembre 1939 (alors qu'il n'avait encore que 19 ans) à son ami Mieczyslaw Kotlarczyk, Karol Wojtyla affirmait d'être engagé sur le thème de la souffrance presque en ces termes: "Dernièrement, j'ai beaucoup réfléchi sur la force libératrice de la souffrance. En effet, c'est sur la souffrance que se fonde le message du Christ, à commencer par la croix jusqu'au plus petit tourment humain. C'est cela le vrai messianisme".[190]

Au printemps de l'année 1940, Karol Wojtyla écrit une pièce théâtrale dramatique d'inspiration biblique intitulée "*Job.* Drame *de l'Ancien Testament.*", pièce que lui-même, dans une lettre écrite peu de temps avant la Paques de 1940 à son ami Mieczyolaw Kotlarczyk, commente presqu'en ces termes: J'ai écrit une nouvelle œuvre théâtrale, grecque dans l'esprit, éternelle dans la substance, comme chacun. Un drame sur la souffrance: Job. C'est en partie le résultat de ma lecture de l'Ancien Testament. J'ai lu les psaumes de David, le livre de Job, le livre de la Sagesse, et maintenant les Prophètes.[191]

Selon Boleslaw Taborski, *en écrivant ce* drame *sur Job, l'objectif de l'auteur est de joindre l'histoire de Job aux autres temps historiques et révéler ses applications universelles; plus particulièrement, unir l'histoire de Job avec celle de son temps: la*

---

188 GIOVANNI PAOLO II, *Salvifici Doloris*, 2: *"Il tema della sofferenza (...) è un tema universale che accompagna l'uomo ad ogni grado della longitudine e della lattitudine geografica: esso, in un certo senso, coesiste con lui nel mondo,e perciò esige di essere costantemente ripreso."*

189 Cfr. WEIGEL, G., *Testimone della speranza...*, pp. 42-43.

190 Cfr. Ibidem, p. 274

191 WOJTYLA, K., *Tutte le opere letterarie*, Città del Vaticano, 2001/2005, p. 269: *"Ho scritto una nuova opera teatrale, greca nella forma, cristiana nello spirito, eterna nella sostanza, come ognuno. Un dramma sulla sofferenza: Giobbe. A qualcuno qui piace. E' in parte il risultato della mia lettura dell'Antico Testamento. Ho letto i Salmi di Davide, il Libro di Giobbe, il Libro della Sapienza, e ora i Profeti."*

première année de la seconde guerre mondiale[192]

Nous aussi, après avoir lu cette œuvre de Karol Wojtyla, nous nous sommes rendu compte que, pour nous aider et aider surtout les personnes qui souffrent à comprendre le sens de la souffrance humaine, nous devons tous, au moment de nos souffrances, chercher à entrer dans la peau de Job, cet homme juste devant Dieu et devant les hommes, préfiguration du Christ, Serviteur souffrant du Seigneur, qui souffre, non par punition, mais par épreuve, afin que la justice de Dieu se manifeste. Et parce que Dieu, son Rédempteur, est vivant, lui aussi, serviteur du Seigneur, vivra, malgré la souffrance actuelle. Et en faisant intervenir un autre personnage, le jeune prophète Eliu, l'auteur nous enseigne, non seulement le sens de la souffrance, mais aussi l'atti- tude que nous devons avoir, c'est-à-dire notre devoir envers les personnes souffrantes, et la victoire finale: celle du Seigneur et de ses serviteurs fidèles.[193]

Par ailleurs, en été 1940, après plusieurs lectures de la Bible hébraïque, Karol Wojtyla achève une autre œuvre dramatique d'inspiration biblique, avec comme titre "Jérémie", dans laquelle le jeune dramaturge créa un parallèle entre de violentes prédications de Skarga sur la réforme de la nation et les prophéties bibliques de Jérémie qui, elles, appellent le règne de Judas au repentir.[194] Aussi y écrit-il, en rapport avec l'histoire de son peuple, ces paroles combien significatives pour notre thème: "Je pense que notre libération devrait être une porte pour le Christ. Je pense à une Pologne athénienne, comme l'imaginaient nos grands poètes, prophètes de la captivité babilonienne. La nation est tombée comme Israël, parce qu'elle n'a pas reconnu l'idéal messianique, son idéal déjà élevé comme un flambeau, mais non compris."[195]

Un autre élément à souligner, avant de passer à la lettre apostolique consacrée à la souffrance, c'est le petit message enregistré que le pape, de l'hôpital où on l'avait amené après l'attentat, comme il ne pouvait pas sortir et présider l'Angélus du dimanche suivant (c'est-à-dire le 17 mai 1981), envoya aux pèlerins, qui l'attendaient réunis en prière sur la place Saint Pierre. Le message disait presque ceci: *"Je suis particulièrement proche de deux personnes blessées ensemble avec moi. Je prie pour le frère qui a tiré sur moi et à qui j'ai sincèrement pardonné. Uni au Christ, Prêtre et victime, j'offre mes souffrances pour l'Eglise et pour le monde. Quant à toi Marie, je répète: 'Je suis tout à toi'. "*[196]

---

[192]Ibidem, p. 273

[193]Cfr. Ibidem, pp. 283, 353, 381-383, 385, 387, 389, 403.

[194]Cfr. WEIGEL G., Testimone della speranza..., p.78.

[195]Cfr. WOJTYLA, K., *Tutte le opere letterarie...*, p. 413: *"Penso che la nostra liberazione debba essere una porta per Cristo. Penso a una Polonia ateniese, così come immaginavano i nostri grandi poeti, profeti della cittività babilonesi. La nazione è caduta come Israele perche non ha riconosciuto l'ideale messianico, il suo ideale già innalzato come una fiaccola – ma non compreso."*

[196]Cfr. WEIGEL G., *Testimone della speranza...*, p. 514: *"Sono partecolarmente vicino alle due persone ferite insieme con me. Prego per il fratello che mi ha colpito, al quale ho sinceramente perdonato. Unito a Cristo, Sacerdote e vittima, offro le mie sofferenze per la chiesa e per il mondo. A te Maria, ripeto: 'Totus tuus ego sum'"*

Quel message! Quelle profondeur spirituelle! Quelle compassion envers les autres souffrants, alors qu'on est soi-même gravement blessé! Quelle compassion et quel pardon pour son bourreau! Et en tout, toujours le Christ au centre! Avec lui, se faire une offrande pour l'Eglise et pour l'humanité! Toujours en communion d'esprit et de prière avec la Vierge Marie!

Le 11 février 1984, le pape Jean-Paul II publie la lettre apostolique "Salvifici Doloris" dans laquelle il nous donne le sens de la souffrance humaine et, du coup, nous révèle aussi sa spiritualité de la souffrance.

Dans cette lettre, reconnait le professeur Turchi, le saint Père Jean-Paul II trouve qu'en demandant le motif de sa souffrance (du mal dans le monde), l'homme s'adresse à Dieu, parce que les créatures n'ont pas la capacité de répondre; et Dieu, affirme le Pape, n'est pas resté silencieux, mais il a donné et continue à donner la réponse à cette demande. En effet, les questions telles que: Pourquoi la souffrance? Pourquoi le mal dans le monde? Sont difficiles, explique le professeur Turchi, quand l'homme les pose à l'homme, les hommes aux hommes, comme aussi quand il les pose à Dieu. L'homme, en effet, ne pose pas cet interrogatif au monde..., mais le pose à Dieu comme Créateur et Seigneur du monde.[197]

Et, pour mieux comprendre la réponse de Dieu à toutes ces questions, le Pape nous conseille de "tourner notre regard vers la révélation de l'amour divin.(...) Christ nous fait entrer dans le mystère et nous fait découvrir le pourquoi de la souffrance (...). Cette réponse, précise le pape, a été donnée par Dieu à l'homme dans la croix de Jésus-Christ."[198]

En continuant son commentaire sur la lettre apostolique du pape, le professeur Turchi écrit ce qui suit: *"En intitulant le chapitre IV de sa lettre: 'Jésus-Christ: la souffrance* vaincue *par l'amour', le pape a raison de parler de l'amour comme base de l'Incarnation et du plan salvifique, parce que c'est Jésus qui nous demande de penser ainsi: 'Dieu, en effet, a tant aimé le monde qu'il a donné son Fils Unique, pour que tout celui qui croit en lui ne meurt pas, mais qu'il ait la vie éternelle (Jn 3, 16). Ces paroles nous introduisent au centre même de l'action salvifique de Dieu. Dieu donne son Fils au monde pour libérer l'homme du mal, qui contient en soi la définitive et absolue*

---

[197]TURCHI, A., *L'uomo di fronte al male. Saggio sull'origine del male*, éd. Cantagalli, Siena, 2011, p. 146: *" 'Perché la sofferenza?' 'Perché il male nel mondo?' sono difficili, spiega il professore Turchi, quando l'uomo le pone all'uomo, gli uomini agli uomini, come anche quando li pone a Dio. L'uomo, infatti, non pone questo interrogativo al mondo... ma lo pone a Dio come al creatore e al Signore del mondo."*

[198]GIOVANNI PAOLO II, *Il valore salvifico della sofferenza*, p. 70: *"volgere il nostro sguardo verso la rivelazione dell'amore divino. (...) Cristo ci fa entrare nel mistero e ci fa scoprire il perché della sofferenza (...). Questa risposta, precisa il papa, è stata data da Dio all'uomo nella croce di Gesù Cristo"*

perspective de la souffrance."[199]

Mais pour mieux comprendre la réflexion du pape, retournons au début: Le pape part du fait que la souffrance est toujours présente dans la vie de l'homme, coexiste avec lui. Cela advient, comme on le sait, à divers moments de la vie et se réalise de différentes façons et à diverses dimensions. Toutefois, dans l'une ou dans l'autre forme, la souffrance semble être et est quasi-inséparable de l'existence de l'homme sur la terre."[200]

Et comme la rédemption de l'homme de la souffrance et de la mort s'est accomplie par le biais de la croix du Christ ou mieux de sa souffrance[201], alors la souffrance humaine qui unit de façon spéciale l'homme au Christ et le fait participer à la souffrance rédemptrice du Christ, acquiert une valeur plus élévée, et éveille compassion, éveille respect aussi, et, de sa façon, intimide. En elle, en effet, est contenue la grandeur d'un mystère spécifique.[202]

Et si, selon l'Encyclique "*Redemptor Hominis*", en Jésus-Christ, *"chaque homme devient la voie de l'Eglise"*, on peut dire alors que l'homme devient de façon spéciale la voie de l'Eglise, quand la souffrance entre dans sa vie.[203]

Etant donné que l'homme, compris comme la voie de l'Eglise, surtout par le biais de la souffrance à travers sa vie terrestre, chemine de l'une ou de l'autre façon sur la voie de la souffrance, alors, constate le pape, l'Eglise devrait, à tout moment se rencontrer avec l'homme sur cette voie. L'Eglise, qui est née du mystère de la rédemption dans la croix du Christ, est tenue, précise le pape, à chercher la rencontre avec l'homme de façon particulière sur la voie de la souffrance. Dans une telle rencontre, l'homme devient le chemin de l'Eglise et c'est là un des chemins importants.[204]

Mais que retenir finalement? Quel est le sens de la souffrance humaine? Comment

---

[199]TURCHI, A., "La cristologia della sofferenza nella Salvifici Doloris", in *AM*, p. 147: *"Intitolando il IV capitolo della sua lettera: 'Gesù Cristo: la sofferenza vinta dall'amore', il papa ha ragione di parlare dell'amore quale motivo base dell'incarnazione e del piano salvifico, perché è Gesù che ci dice di pensarlo così: 'Dio infatti ha tanto amato il mondo che ha dato il suo Figlio unigenito, perché chiunque crede in lui non muoia, ma abbia la vita eterna' (Gv 3, 16). Queste parole ci introducono nel centro stesso dell'azione salvifica di Dio. Dio dà il suo Figlio al 'mondo' per liberare l'uomo dal male, che porta in sé la definitiva ed assoluta prospettiva della sofferenza."*

[200]GIOVANNI PAOLO II, Salvifici Doloris, 3: *"Ciò avviene – come è noto – in diversi momenti della vita, si realizza in modi differenti, assume diverse dimensioni; tuttavia, nell'una o nell'altra forma, la sofferenza sembra essere ed è, quasi inseparabile dall'esistenza terrena dell'uomo."*

[201]Cfr. GIOVANNI PAOLO II, Salvifici Doloris, 3.

[202]Cfr. GIOVANNI PAOLO II, Salvifici Doloris, 4.

[203]Cfr. GIOVANNI PAOLO II , Salvifici Doloris, 3.

[204]Idem.

comprendre le sens de la souffrance humaine, souffrance que l'on ne peut comprendre, selon le pape Jean-Paul II, sans la lumière de la parole de Dieu? Voilà une demande qui nous fait passer au quatrième point, dans lequel nous chercherons, ensemble avec le saint pape Jean-Paul II, à donner le sens de la souffrance humaine et, au même moment, souligner la spiritualité de la souffrance selon un des grands personnages que l'humanité ait connus.

II. 4. Lecture chrétienne de la souffrance humaine selon le pape Jean-Paul II.

Pour mieux expliquer le sens de la souffrance humaine, le pape part des paroles suivantes de l'apôtre Paul aux colossiens: *"(...) ...je complète en ma chair ce qui manque aux épreuves du Christ pour son Corps, qui est l'Eglise."*(Col 1, 24).

C'est dans ces paroles de saint Paul que le pape trouve l'explication de la valeur salvifique de la souffrance humaine; laquelle valeur, quand elle est découverte ainsi s'accompagne de la joie. Voilà pourquoi, explique le saint père, l'apôtre continue sa pensée en écrivant: "En cela je trouve ma joie dans les souffrances que j'endure pour vous." [205]

Comme on peut donc le comprendre, la souffrance humaine, vécue et comprise comme participation aux souffrances salvifiques ou rédemptrices du Christ pour le salut des hommes acquiert une valeur plus élévée, unissant de façon particulière, non seulement l'homme souffrant au Christ, à son Eglise et à chaque homme souffrant, mais aussi élevant l'homme et sa vie au niveau d'un sacrifice agréable à Dieu, parce que participation à l'unique sacrifice du Fils Unique pour le salut de l'humanité.

Les paroles que l'Esprit Saint me donne souvent pour consoler les frères et sœurs souffrants me viennent encore à l'esprit. En effet, sans oublier de souligner la douleur qu'ils ressentent, je leur dis aussi qu'ils sont les bienheureux pour avoir mérité la confiance du Seigneur Jésus qui, comptant sur eux et sur leur capacité de rendre témoignage de fidélité et de confiance en Dieu même dans les moments difficiles, les fait participer aux souffrances salvifiques, pour leur partager sa gloire, qui n'aura pas de fin. En effet, comme dit l'apôtre Pierre, si vous partagez les souffrances du Christ, soyez heureux car vous partagerez aussi sa gloire. [206] Et maintenant avec ces explications du pape, nous nous sentons réconfortés dans cette inspiration divine pour réconforter et consoler davantage, chaque fois que la souffrance atteint l'un ou l'une de nous. Le démon, notre ennemi, sait très bien que ce moment de souffrance est très précieux et nous rapproche davantage de Jésus, voilà pourquoi il vient toujours en ce moment-là précis, pour nous décourager, pour nous faire croire que Dieu nous a abandonnés et nous distraire pour ne pas nous laisser jouir de cette communion intense

---

[205]Cfr. GIOVANNI PAOLO II, Salvifici Doloris, 1.: "*Perciò sono lieto delle sofferenze che sopporto per voi*"

[206]Cfr. 1P 4, 13-14.

avec le Sauveur de l'humanité. C'est parce qu'il sait très bien qu'en ce moment-là précis nous sommes en train de communier de façon particulière à l'œuvre rédemptrice de Dieu pour le salut des hommes et donc que toute notre prière et toute notre parole touche facilement le cœur de Dieu, qu'il cherche de nous embrouiller et nous faire manquer les grâces de ce temps précieux. A nous donc de persévérer dans la foi en celui qui nous aime tant et à qui tout pouvoir appartient.

Aussi le pape, pour mieux nous encourager, nous fait-il encore mieux comprendre le sens de la souffrance humaine, en disant: *" C'est à travers la souffrance du Christ que la rédemption s'est accomplie. Le rédempteur a souffert pour et à la place de l'homme. Chaque homme a sa part dans la rédemption. Chacun est aussi appelé à participer à cette souffrance par laquelle toute souffrance humaine est aussi sauvée. En réalisant la rédemption par la souffrance, Christ a élevé la souffrance humaine au niveau de la rédemption. Ainsi tout homme, dans sa souffrance, peut devenir participant de la souffrance rédemptrice du Christ. "*[207]

C'est aussi ce que le professeur Turchi, en des termes qui lui sont propres, essaie d'expliquer, lorsqu'il écrit:
" A Dieu, il ne restait qu'une seule voie: celle d'assumer 'quelque chose' à travers lequel pouvoir souffrir et participer à la souffrance humaine; ainsi en faisant 'sienne' la souffrance, il l'aurait 'sanctifiée' et pour cela libérée et sauvée, la transformant ainsi de signe/effet du mal et du péché au signe/effet de libération et de sainteté. Ce 'quelque chose' fût une nature humaine: Dieu s'incarne, assume une nature humaine, révélant ainsi en elle son intention et surtout sa volonté de prendre et de faire sienne la souffrance, en la valorisant dans l'union avec son être divin. "[208]

Pour sa part et avec aussi ses propres termes, Marcel Neusch dit la même chose en écrivant presque ceci: *" En Jésus de Nazareth, Dieu répond de la façon qui lui est propre, de façon existentielle, la seule façon supportable, même si elle ne dissipe pas toutes les interrogations: répond au mal en en assumant la charge. Sa façon*

---

[207] Cfr. GIOVANNI PAOLO II, *Salvifici Doloris*, 19: "La redenzione si è compiuta mediante la sofferenza di Cristo. Il Redentore ha sofferto al posto dell'uomo e per l'uomo. Ogni uomo ha una sua partecipazione alla redenzione. Ognuno è anche chiamato a partecipare a quella sofferenza, per mezzo della quale ogni umana sofferenza è stata anche redenta. Operando la redenzione mediante la sofferenza, Cristo ha elevato insieme la sofferenza umana a livello di redenzione. Quindi anche ogni uomo, nella sua sofferenza, può diventare partecipe della sofferenza redentrice di Cristo."

[208] TURCHI A., *La Cristologia della sofferenza...*, p. 152: *"A Dio non rimane che una sola via : quella di assumere'qualcosa' per mezzo del quale poter sof frire e partecipare alle sofferenze umane; così Egli facendo 'sua' la soffe-renza l'avrebbe 'santificata e perciò redenta e salvata, trasformandola da segno/effetto dimale e di peccato, a segno/effetto di liberazione e di santità. Quel 'qualcosa' fu una natura umana: Dio s'incarna, assume una natura umana rivelando in essa la sua intenzione e soprattutto la sua volontà di prendere e di far sua la sofferenza valorizzandola nell'unione col suo essere divino. "*

d'accueillir le défi du mal ne figure pas parmi celles imaginées par la sagesse humaine, parce qu'elle substitue cela par la folie de la croix. Le mal est ainsi affronté existentiellement. Pour le chrétien, c'est l'existence concrète de Jésus de Nazareth qui constitue la réponse au mal."[209]

Comme on peut le comprendre, en assumant la souffrance, Dieu rachète et sanctifie cet aspect humain; et comme Adam avec le péché introduisît dans la nature humaine la souffrance et la mort, faisant d'elles une marque affectant tous les hommes, ainsi, maintenant, en les sanctifiant et en les assumant, le Christ libère tous les hommes, en changeant cette marque infamante en signe de perfection.

Ainsi, constate le professeur Turchi, le Christ apporte le salut à tous les hommes et à tous transmet ce salut, bien qu'il n'ait pas assumé chacun de nous, parce qu'il a sanctifié les signes du péché avec lesquels tous les hommes naissent. En outre, Jésus, cet agneau qui enlève les péchés du monde en les portant sur lui, ne voulant pas que ceux qui portent les signes de sa souffrance restent encore liés à la culpabilité, pardonne et absoud le péché par la profession de foi en lui comme Christ. Voilà donc, affirme le professeur Turchi, l'œuvre grandiose du Pasteur éternel qui, comme dit Saint Paul, nous a rachetés à grand prix, en assumant la souffrance et la mort. De là naît l'invitation évangélique à ne pas avoir peur de la souffrance, parce que, quand elle est accueillie et vécue avec joie, elle nous rend en tout conformes à Dieu en Jésus le Christ.[210]

C'est dans cette perspective, trouve le pape Jean-Paul II, que l'on peut comprendre l'invitation que l'apôtre Paul lance aux chrétiens de Rome en ces termes: " Je vous exhorte donc frères, par la miséricorde de Dieu, à lui offrir vos corps comme offrande vivante, sainte et agréable à Dieu: C'est là votre sacrifice spirituel"(Rm 12,1).
Et selon le pape, *"la seule participation à la souffrance du Christ trouve, dans ces expressions apostoliques, presque une double dimension: En effet, si l'homme devient participant aux souffrances du Christ, c'est parce que le Christ a ouvert sa souffrance redemptrice et est devenu, dans un certain sens, participant de toutes les souffrances humaines. En découvrant par sa foi la souffrance redemptrice du Christ, l'homme découvre en même temps en elle ses propres souffrances, les retrouve, par sa foi, enrichies d'un nouveau contenu et d'un nouveau sens."*[211]

---

[209]NEUSH, M., *Il male*, ed. Queriniana, 1996, p. 11:*"In Gesù di Nazaret, Dio risponde a modo suo, in modo esistenziale, il solo sopportabile, anche se non dissipa tutti gli interrogativi: risponde al male assumendone il carico. Il suo modo di raccogliere la sfida del male non rientra tra quelli escogitati dalla saggezza umana perché proprio a questa sostituisce la follia della croce. Il male viene così affrontato esistenzialmente. Per il cristiano è l'esistenza concreta di Gesù di Nazaret che costituisce la risposta al male."*

[210]Cfr. TURCHI, A., *La cristologia della sofferenza...*, p. 156.

[211]Cfr. GIOVANNI PAOLO II, *Salvifici Doloris*, *"la partecipazione stessa alla sofferenza di Cristo trova, in queste espressioni apostoliche, quasi una duplice dimensione. Se un uomo diventa partecipe delle sofferenze di Cristo, ciò avvienne perché Cristo ha aperto la sua sofferenza redentiva ed è divenuto, in un certo senso, partecipe di tutte le sofferenze umane. L'uomo, scoprendo mediante la fede la sofferenza redentri-ce di Cristo,*

Toutes ces paroles, d'une si grande profondeur, ne sont pas vaines, parce qu'elles sont, non seulement vraies, mais aussi vécues, expression de la vie et de la foi du pape Jean-Paul II. Et pour avoir vécu et compris dès son jeune âge le sens et la dignité de la souffrance humaine, entendue comme participation à la souffrance rédemptrice du Christ, le pape ne s'est ni découragé ni laissé aller à l'absurdité de la vie ou au désespoir; mais il a, avec joie et espérance, porté sa part des souffrances du Christ pour le monde, **en assumant jusqu'à la fin son rôle de Pierre lui assigné par Jésus,** c'est-à-dire de **réconforter la foi des frères, nous appelant nous aussi ainsi à porter, avec joie et sérénité, notre part de ces souffrances qui nous purifient et nous élèvent, en nous unissant de façon spéciale au Christ, à qui appartiennent tout pouvoir, toute gloire et toute vie pour les siècles des siècles.**

---

insieme scopre in esse le proprie sofferenze, le ritrova, mediante la fede, arrichite di un nuovo contenuto e di nuovo significato."

Conclusion

Par cette méditation, nous avons voulu montrer, non seulement que la souffrance dans la vie d'un homme peut avoir des causes que nous pouvons bien éviter, si nous voulons vivre en paix, mais aussi que toute souffrance n'est pas que conséquence ou salaire d'un péché ou d'une méconduite. En effet, il y a aussi de ces souffrances qui nous font participer aux souffrances salvifiques du Christ pour le salut du monde. Nous comme membres de son corps, nous sommes unis à Lui et partageons aussi avec les souffrances que la Tête du corps a endurées pour le salut du monde. Des telles souffrances nous élèvent et nous permettent une communion particulière avec le Christ. Ainsi, loin de nous attrister ou de nous décourager, des telles souffrances devraient plutôt nous pousser à nous référer davantage au Christ, qui nous fait participer à l'œuvre du salut du monde, pour nous faire partager la plénitude de sa gloire.

Par ailleurs, comme disciples du Christ, nous devrions aussi témoigner de la compassion envers nos frères et sœurs qui sont dans la souffrance, car, en ce moment-là, ils sont vraiment en communion intense avec le Seigneur qui, non seulement s'identifie en chacun et chacune d'eux, mais aussi promet la béatitude éternelle à tous ceux qui n'hésiteront pas de leur venir en aide.212

Puisse le Seigneur nous aider à comprendre toujours davantage le mystère de la souffrance humaine et nous pousser, non seulement à compter davantage sur Lui et nous référer toujours à Lui, mais aussi à témoigner l'authenticité de notre foi en Lui en volant toujours, tant que nous en sommes capables, au secours de nos frères et sœurs qui sont en train de vivre ladite souffrance! Puisse la Vierge Marie nous soutenir de sa prière maternelle!

[212]Cfr la parabole du jugement dernier racontée en Mt 25, 31-46.

Tables des matières

Printed by Books on Demand GmbH, Norderstedt / Germany